なぜか買いたくなる〝もちもち〟の秘密

藤野良孝

青春新書
INTELLIGENCE

はじめに

昨今、〝もちもち〟食感のパンやスイーツ、麺類などが大人気で売上を伸ばしています。老若男女を問わず多くの人が、〝もちもち〟と書いてあるのを見ると、ついつい買ってみたくなるようです。

これは一体、どうしてなのでしょう。

もちろん商品の食感に魅力があることは間違いありませんが、もうひとつの大きな理由があります。それは、商品名などに含まれている〝もちもち〟という「パワーワード」が、お客さんの心を一気につかんでいるからです。

こうした現象は、食品に限りません。〝スイスイ〟〝さらさら〟〝ぐんぐん〟などの「パワーワード」が、自動車、美容関連商品、衣類、その他雑貨など幅広い商品・サービスの商品名やキャッチコピーなどに使われることで、同様にお客さんの心をつかんでいるのです。

皆さんお気づきのことと思いますが、本書でいう「パワーワード」とは、〝もちもち〟を代表とした、さまざまなオノマトペ（擬音語・擬態語）を指しています。

実はオノマトペは、売り手が伝えたい商品の特長や魅力を、瞬時に、直感的かつ感覚的に買い手の脳に届け、購買意欲を刺激して商品を買わせてしまう強力なパワーを秘めています。普通の言葉を使って訴えかけるより、オノマトペを使ったほうが、ずっと短い言葉で、ずっとリアルに商品の良さが伝わるのです！

そこで私は、物を売るビジネスの場で使うオノマトペを「パワーワード」と定義・命名し、企業の広告担当者をはじめ、お店の経営者、個人事業主、ネットビジネスなどで商品を売る立場の皆さんに、商品名や宣伝文句に〝じゃんじゃん〟使うことをおすすめしています。

これだけ世の中に商品やサービスがあふれている時代、売り手に絶対に必要なのは、「発信力」を上げ、商品の注目度を上げることです。その商品の存在に目を留めてもらい、特長や魅力に興味を持ってもらわない限り、お客さんがその商品を購入することは決してありません。

商品に注目してもらうためには、商品名とキャッチコピーに工夫が必要なのはもちろんのこと、ホームページでの広告宣伝、InstagramをはじめとしたＳＮＳでの発信、YouTubeなどでの動画配信などの活用も考えていく必要があります。パワーワードは、そうした手段においても、大いに役立ちます。

本書では、実際にパワーワードを使うことで売上を伸ばしている好事例をたくさんご紹介しつつ、パワーワードがなぜお客さんの心を一気につかむのか、その秘密を科学的な視点を交えながら解説しています。もちろん、パワーワードの実際の作り方とそのコツも、わかりやすく、具体的に解説しています。

本書でパワーワードの本当の威力と使い方を知っていただけば、「発信力」がグングン上がり、あなたが関わっている商品やサービスの注目度は確実にアップします。

本書を読んでいただくことで、商品の売上をグーン！と一気に伸ばしてもらえたなら、こんなにうれしいことはありません。

なぜか買いたくなる〝もちもち〟の秘密――もくじ

第1章　「パワーワード」が生み出す知られざる効果

第2章
「パワーワード」の使い方とその威力

第3章 伝達力がアップする「パワーワード」の作り方

第4章 発信力を高める6つの切り口

第5章 パワーワードは脳に直接語りかける

第1章

「パワーワード」が生み出す知られざる効果

コンビニ業界では、パワーワードで売上5倍が定説

コンビニ業界では、商品名やキャッチコピーにパワーワードを使うだけで、売上が5倍にアップするという定説があります。そんなことで本当に売上が上がるのだろうかと疑問に感じる方に、まずご覧いただきたいのが、18ページに見開きで掲載した「3大コンビニ　売れ筋商品ランキング　デザート編（「日本食糧新聞」２０２３年7月調査）」です。

注目いただきたいのは、セブンイレブンで男性・女性ともに1位の「窯焼きシューとろ生カスタード」、女性6位の「もっちりクレープとろ生スイートポテト」、男性10位の「瀬戸内産レモン&レアチーズもこ」。ローソンでは、男性・女性ともに3位の「もちぷよ」、男性・女性5位の「ウチカフェ　もっちりクレープ」、男性7位「どらもっち　あんこ&ホイップ」、女性9位の「もち食感ロール」。そして、ファミリーマ

ートの男性2位・女性4位の「たっぷりクリームのダブルシュー」、男性3位、女性6位「クリームたっぷり！　なめらかカスタードシュー」、女性5位「クリームたっぷりコーヒーゼリー」です。

これらの共通点は何でしょうか。そうです。いずれも、「とろ」「もっちり」「もち」「ぷよ」「たっぷり」といったパワーワードが商品名に使われているということです。全デザート商品の中で売れ筋商品における、パワーワードの使用頻度がいかに高いかを実感いただけるのではないでしょうか。

「はじめに」でも述べましたが、本書では、物を売るビジネスの場で使うオノマトペのことを、「パワーワード」と定義・命名しています。商品やサービスの売上アップに強力なパワーを発揮するからです。

次に、21ページのお菓子メーカの商品パッケージに使用されるオノマトペの実態に関する、2022年の調査結果をご覧ください。カルビー、ロッテ、森永製菓、江崎グリコの商品数とオノマトペの使用商品数が占める割合を調査した東京外国語大学の黄慧氏（2022）の論文から引用したものですが、この主要4社の商品パッケージ

〈女性〉

	商品名	個数%	ユーザー率
1	窯焼きシュー**とろ**生カスタード	**4.8%**	**7.3%**
2	ホットクあんこ	**4.2%**	**7.3%**
3	カスタード&ホイップのダブルシュー	**3.0%**	**4.9%**
4	伊豚久右衛門監修冷やし葛まんじゅう宇治抹茶餡	2.8%	4.2%
5	とろける杏仁豆腐	2.8%	4.7%
6	**もっちり**クレープ**とろ**生スイートポテト	2.6%	4.5%
7	焼きチョコシュー	2.6%	4.4%
8	クリームを味わうショコラエクレア	2.4%	3.8%
9	チョコバナナクレープ	2.4%	3.5%
10	北海道産牛乳使用みかんの牛乳寒天	2.3%	3.6%

〈女性〉

	商品名	個数%	ユーザー率
1	バスチークリームのせ	**11.6%**	**15.8%**
2	大きなツインシュー	**6.4%**	**6.7%**
3	**もちぷよ**(北海道産生クリーム入りミルククリーム)	**5.0%**	**6.1%**
4	カフェラテ&珈琲ゼリー	4.6%	7.3%
5	ウチカフェ**もっちり**クレープ生チョコ&チョコチップ	3.8%	4.9%
6	濃密カヌレ	3.5%	5.5%
7	お抹茶&ミルクプリン	3.2%	4.9%
8	ウチカフェ プレミアムロールケーキ	3.1%	4.7%
9	**もち**食感ロール(北海道産生クリーム入り)6個	2.8%	4.5%
10	とろけるわらび餅	2.5%	3.9%

〈女性〉

	商品名	個数%	ユーザー率
1	窯出しとろけるプリン	**5.4%**	**6.2%**
2	焼きプリンタルト	**4.5%**	**7.0%**
3	生ドーナツ カスタードホイップ	**4.4%**	**6.3%**
4	**たっぷり**クリームのダブルシュー	4.2%	5.4%
5	クリーム**たっぷり**コーヒーゼリー	3.9%	6.1%
6	クリーム**たっぷり**!なめらかカスタードシュー	3.8%	4.9%
7	ミルクキャラメルバウム	3.6%	5.1%
8	天使のチーズケーキ	3.6%	5.7%
9	クリームたい焼きカスタード	3.2%	4.5%
10	ティラミス - 北海道マスカルポーネ使用 -	2.8%	4.4%

個数%＝コンビニ各社の全商品購入総数(男女別)を100%としたときの割合
ユーザー率(%)＝コンビニ各社の購入者の総人数(男女合計)を100%としたときの割合

〈男性〉 **セブンイレブン**

	商品名	個数%	ユーザー率
1	窯焼きシュー**とろ**生カスタード	**4.8%**	**9.5%**
2	クリームを味わうショコラエクレア	**3.5%**	**6.5%**
3	ホットクあんこ	**3.5%**	**5.5%**
4	カスタード&ホイップのダブルシュー	3.5%	6.3%
5	とろける杏仁豆腐	2.8%	4.8%
6	伊豚久右衛門監修冷やし葛まんじゅう宇治抹茶餡	2.4%	4.1%
7	北海道産牛乳使用みかんの牛乳寒天	2.2%	4.3%
8	北海道十勝産小豆使用生どら焼	2.2%	2.5%
9	北海道十勝産小豆使用草もち	2.2%	2.2%
10	瀬戸内産レモン&レアチーズ**もこ**	2.0%	4.1%

〈男性〉 **ローソン**

	商品名	個数%	ユーザー率
1	大きなツインシュー	**14.0%**	**15.2%**
2	バスチークリームのせ	**9.1%**	**12.6%**
3	**もちぷよ**（北海道産生クリーム入りミルククリーム）	**6.4%**	**8.1%**
4	ウチカフェ プレミアムロールケーキ	3.6%	5.7%
5	ウチカフェ **もっちり**クレープ生チョコ&チョコチップ	3.6%	5.5%
6	濃密カヌレ	3.2%	4.0%
7	Uchi Cafe' SWEETS どら**もっち** あんこ&ホイップ	2.9%	4.5%
8	UchiCafex Milkクロッカンシュークリームミルククリーム	2.8%	4.0%
9	ウチカフェ 生バウムクーヘン	2.8%	3.8%
10	カフェラテ&珈琲ゼリー	2.5%	4.0%

〈男性〉 **ファミリーマート**

	商品名	個数%	ユーザー率
1	生ドーナツ カスタードホイップ	**5.5%**	**9.5%**
2	**たっぷり**クリームのダブルシュー	**5.4%**	**7.6%**
3	クリーム**たっぷり**!なめらかカスタードシュー	**5.2%**	**8.9%**
4	スフレ・プリン	4.2%	4.1%
5	焼きプリンタルト	3.9%	5.8%
6	ダブルクリームサンドホイップ&カスタード	3.8%	4.5%
7	ミルクキャラメルバウム	3.3%	5.4%
8	濃厚ショコラエクレール	2.9%	5.6%
9	北海道牛乳のミルクシュー	2.8%	5.0%
10	ミルクココア風味ダブルクリームサンド	2.4%	4.3%

「日本食糧新聞」（2023年7月調査）より作成

にオノマトペが入っていた割合が、なんと平均で65％にも上っていたのです。しかも、業界シェアランキングで常に1位2位に君臨しているカルビーの場合は84％と、ほとんどの商品にオノマトペを使っているということがわかります。

実際、どんなパワーワードが多用されているのか見てみましょう。同じ論文に「お菓子のパッケージに使用されるオノマトペの数と出現数」も掲載されていましたが、「たっぷり」が81と最多で、以下、「サクサク（34）」「カリカリ（29）」と続きます。

「たっぷり」が多い傾向というのは、景気が悪いため、消費者がコストパフォーマンスの高さや量の多さを商品選びの決め手としている可能性が推察されます。景気が良くなれば、もっと高級感をイメージさせる言葉が増えてくるものと予想されます。効果的なパワーワードは、時代とともに変わっていくのです。

今度は、23ページの「みんなのランキング」のコンビニパンランキング２０２４年4月30日版を見てみましょう。

こちらでは、3位ローソン「もっちチョコパン」、4位セブンイレブン「ふわふわちぎりパン」、5位ファミリーマート「もちもちくるみパン」、6位ローソン「ふんわ

お菓子メーカの商品パッケージに使用されるオノマトペの実態

	カルビー	ロッテ	森永製菓	江崎グリコ	総数
商品数	179	214	186	324	903
オノマトペ使用商品数	151	139	94	202	586
占める割合	84%	65%	51%	62%	65%

東京外国語大学・黄慧氏(2022)の論文より

お菓子のパッケージに使用されるオノマトペの数と出現数

	オノマトペ	出現数
1	たっぷり	81
2	サクサク	34
3	カリカリ	29
4	すっきり	24
5	パリッ	22
6	ふんわり	21
7	ぎゅっ	19
8	サクッ	19
9	カリッ	18
10	カリカリッ	16

東京外国語大学・黄慧氏(2022)の論文より

りメロンパン」、7位セブンイレブン「なつかしのつぶつぶコーン」、8位セブンイレブン「サックサクメロンパン」、11位セブンプレミアム「もちふわパンケーキ」となっています。お気づきの通り、「もっち」「ふわふわ」「もちもち」「つぶつぶ」「サックサク」「もちふわ」といったパワーワードが商品名に入っている商品が、多数ランクインしています。

中でも最近多用されているは、「もちもち」「もっち」「もちっ」といったパワーワード。もちもち食感は、現在の大きなトレンドのひとつなのです。

「みんなのライフハック@ＤＩＭＥ」２０２４年2月19日の記事によると、フランスやアメリカでも「mochi」と呼ばれるスイーツに人気が集まっているそうで、もちもち食感のドーナツや大福に包まれたアイスなどが世界的に注目されているようです。

ファミリーマートが２０２４年3月1日に発表したニュースリリースには、話題の新商品「生しっとりパン」が発売から3日で１２０万食を突破したと発表していましたが、ここにも「しっとり」というパワーワードが入っています。商品広告を見てみると、生クロワッサン、白生コッペパン、生コッペパンの3タイプがあり、それぞれ

コンビニパンランキング

1位	［ファミリーマート］発酵バターのメロンパン
2位	［ファミリーマート］チョコクロワッサン
3位	［ローソン］**もっち**チョコパン
4位	［セブンイレブン］**ふわふわ**ちぎりパン（チョコクリーム）
5位	［ファミリーマート］**もちもち**くるみパン
6位	［ローソン］発酵バターが決め手！**ふんわり**メロンパン
7位	［セブイレブン］なつかしの**つぶつぶ**コーン
8位	［セブンイレブン］**サックサク**メロンパン（欧州産発酵バター使用）
9位	［セブンイレブン］練乳ミルクフランス
10位	［ローソン］マチノパンチーズ！チーーーズ！
11位	［セブンプレミアム］**もちふわ**パンケーキ メープル&マーガリン
12位	［セブンイレブン］北海道産小豆のつぶあん&マーガリン
13位	［ローソン］**ふわふわ**ホットケーキ 国産小麦粉使用
14位	［ローソン］NL ブランパン
15位	［ファミリーマート］コッペパン（イチゴジャム&マーガリン）
16位	［セブンイレブン］**つぶつぶ**チョコクリームのちぎりパン
17位	［ローソン］ベルギーチョコホイップロール
18位	［セブンイレブン］**たっぷり**くるみパン
19位	［ローソン］クリーミーホイップデニッシュ
20位	［セブンイレブン］**さっくり**食感！メロンパン

「みんなのランキング」のコンビニパンランキング2024年4月30日版より

キャッチコピーとして「しとふわぁ」「しともちぃ」「しとむちぃ」を使っていました。

パワーワードは、商品名だけではなく、パッケージまわりに使ったり、キャッチコピーなどに使うことで食欲をかきたて、消費者の購買意欲のスイッチをしっかりとオンにする、強いパワーを持っているのです。

パワーワードは、短い言葉で商品の特長を瞬時に伝えられる

なぜファミリーマート「生しっとりパン」の広告は、人々の食欲をかきたて、この商品をヒットへと導くことができたのでしょう。もちろん、商品そのものに魅力があったことも確かですが、「しとふわぁ」「しともちぃ」「しとむちぃ」の3つのパワーワードが威力を発揮したことは間違いありません。

たとえば、白生コッペパンのコピーに「しともちぃ」を使わなかったとしましょう。このパワーワードをわかりやすくすると、「このパンはしっとりしていて、もちもちしている」ということになります。

では、パワーワードをまったく使わずにこの商品の特徴を表現するとどうなるでしょうか。

「適度に水分を含み、柔らかくて弾力があります」

いかがでしょう。商品の写真の横に、こうした解説文が書かれていたとして、あなたはその文章がすっと頭に入ってくるでしょうか。その商品を食べてみたいなと食欲がかきたてられるでしょうか。

おそらく、答えはＮＯだと思います。誰だって、「適度に水分を含み、柔らかくて弾力があります」と書かれているより、「しともちぃ」のほうが、パンがどんな食感なのか瞬時に頭に浮かび、「おいしそうだな」とか「食べてみたいな」と、食欲が湧いてくるのではないでしょうか。

ここで改めて実感していただきたいのですが、次の文章を読んでみてください。すっと商品の特長がイメージできるのではないでしょうか。

「この乾燥機を使うとタオルがふんわりする」
「このソファはほかの商品よりふかふかです」
「この生地はざらっとした手触りです」
「びしょびしょの髪も一瞬でさらさらするドライヤー」

「バリバリにかっこいいロックの新曲」

では、これらをパワーワードを使わずに文章にしてみたらどうなるでしょう。

「この乾燥機を使うと、タオルが、軽そうに、浮き上がりそうに膨らみます」
「このソファはほかの商品より、柔らかく、浮き沈みが大きいです」
「この生地は、砂粒のように粗く、なめらかではない手触りです」
「すっかり濡れて水分を多く含んだ髪も一瞬で湿り気や粘り気がない1本1本が離れた状態にするドライヤー」

どうでしょうか。いずれも文章は長く説明的で、広告のコピーとしてはまったく魅力的とは言えません。しかも、最後の「バリバリにかっこいいロックの新曲」に至っては、もはやパワーワード以外で説明するのは相当に困難です。

状態を表現する単語をいくつ重ね合わせるよりも、ずっと的確に、感覚的に、瞬時に商品の特徴を伝えられる。これこそが、パワーワードの最大の威力なのです。

そして、「もちもち」「ふんわり」「サクサク」「ざらっ」など、多くのパワーワードが想起させる状態は、老若男女問わず、誰でも共通したイメージであることも、パワーワードの大きなポイント。パワーワードは、日本語を理解する人であれば、誰にとってもわかりやすく、たった2~3文字の言葉の反復で、複雑な感覚も瞬時に共有できる言葉なのです。

モノを売るときは、売り手がその商品の良さや機能を事前に上手に伝えられるかどうかが、売上を大きく左右します。パワーワードは、商品名まわりや広告宣伝に使うことで、売り手が伝えたい商品の特長を、短い言葉で瞬時に買い手にイメージさせることができるのです。

パワーワードは、伝えたい機能も瞬時に伝えられる

「コンビニ業界では、パワーワードで売上5倍が定説」と書きましたが、パワーワードが力を発揮するのは、食品だけではありません。商品名やキャッチコピーにパワーワードを使うことでロングセラーやベストセラーとなった食品以外の商品を、いくつか挙げてみましょう。

たとえば、ロッテの「ホカロン」。今や、使い捨てカイロの代名詞とも言える、大ロングセラー商品です。商品名の「ホカ」は、快適な温かさを感じさせるパワーワード「ホカホカ」の「ホカ」です。この商品が発売された、今から46年前の1978年当時、「パンシロン」のように、商品名の最後に「ロン」をつけた商品がヒットしていたことから、「ホカ」に「ロン」をつけて商品名として、ヒットを収めました。

同じく70年代に大ヒットした商品に、アース製薬の「ごきぶりホイホイ」がありま

す。「ホイホイ」は、害虫が次々簡単に捕獲される様子をパワーワードで表現したものであり、それまでになかった画期的商品の機能を簡単かつ的確に伝えています。「ごきぶりゾロゾロ」や「ごきぶりどんどん」では気持ち悪いですし、「ホイホイ」としたところがミソで、商品の効果を軽妙に伝える絶妙なネーミングだったと言えるでしょう。

東芝の洗濯機の一大ブランドとして長年愛され続けているのが、「ＺＡＢＯＯＮ」（ザブーン）です。大きな波をイメージさせる力強いパワーワードによって、強い洗浄機能を表現しています。〝東芝の洗濯機といえばザブーン〟というほど、よく落ちる洗濯機ブランドとして消費者に認知されています。

小林製薬の女性用衛生雑貨用品「サラサーティ」は、１９８８年、日本ではじめて発売されたおりものシート（パンティライナー）でした。「さらっさらーの、サラサーティ」といううたい文句は、男女問わず、耳に残っているのではないでしょうか。サラサーティは、おりものによる下着の汚れ、不快感をサラッと解消するという意味合いで命名された商品です。商品の使い心地がパワーワードによって表現され、こちらもヒット商品となりました。

花王の「キュキュット」は、ご存じ、食器用洗剤のブランドです。一般的な食器用洗剤から、泡スプレー、つけおき粉末、食器洗い乾燥機用など、シリーズ展開している売れ筋商品です。「キュキュッと」というパワーワードを商品名に入れることで、消費者に、この商品を使って食器をキュキュッときれいにしてみたいとイメージさせることに成功していると言えるでしょう。

ちなみに、キュキュットの現在のキャッチフレーズは、「油汚れも、泡も一気にパッ！　驚くほど爽快な洗い心地」というもので、ここでもパワーワードを巧みに取り入れ、商品の特長を短いフレーズで的確に表現しています。

「お口、クチュ、クチュ♪　モンダミン♪」で有名な、アース製薬の「モンダミン」は、1987年に誕生した洗口液です。キュキュット同様、パワーワードを使うことで、商品を実際に使っている場面が消費者の頭に思い浮かぶキャッチフレーズになっています。

大正製薬の口唇ヘルペス再発治療薬「ヘルペシアクリーム」などは、商品のパッケージの商品名の上に「ピリピリ・チクチクをおぼえたら早めの治療」、下に「ベタつき・テカリをおさえたクリーム」と明記しています。商品名にこそパワーワードはありませんが、「ピリピリ・チクチク」で、この薬がどんな症状に効くのかをわかりやすく、「ベタつき・テカリをおさえた」で、この薬の使用感の特長を短い文章で表現しています。

近年、新しいタイプの使いやすいジムとして店舗数を急速に拡大している「ChocoZAP」の名称は、「ちょこっとライザップ」を縮めたものです。短い時間で気軽に使えるライザップ系列のジムということが、瞬時に伝わってくる素晴らしいネーミングと言えるでしょう。ちなみにこの名称は、2023年日本ネーミング大賞でルーキー賞を受賞しました。

日本の若者の間にすっかり浸透している「TikTok」（ティックトック）も、英語のパワーワードです。TikTokは、中国のByteDance社が開発・運営しているショートビデオの動画投稿プラットフォームで、短い時間を楽しむ点が画期的でした。「TikTok（ティックトック）」とは、英語で時計がチクタク鳴る音を表す英単語をもじったものと考えられ（通常は、tick tockやtick tick、tick tackと綴られることが多い）、それにより、情報の送り手・受け手の両方に、〝短い時間〟を意識させることに成功しました。

また、商品名やキャッチコピーでパワーワードを使っていなくても、ＣＭなどで多用している例は、挙げればきりがありません。

最近の一例を挙げると、たとえばトヨタのプリウス「ＰＨＶ」。石原さとみ氏が出演している映像では、「電気だけなのに、『ちょっ』と踏んだら『スッスッスーッ』と進んで、こんな坂道も『スイスイスイッ』と」と、パワーワード連発です。別バージョンでも、「静かなのにアクセルを踏んだ瞬間、びゅーん！ですよ」というセリフが使われています。いずれも、ＣＭという非常に短い時間の中で、この車のもっとも伝えたい特長である加速性を、誰にでも伝わるパワーワードを駆使しつつ、なんとも自然に表現しているのです。

パワーワードとは何か？

ここで改めて、パワーワード＝オノマトペとは何か、その基本に簡単にふれておきましょう。

オノマトペとは、擬音語と擬態語の総称です。

擬音語とは、「おぎゃーおぎゃー」「わんわん」「どんどん」「びゅーびゅー」など、人や動物の声、モノや自然の音を模写して表現します。

擬態語とは、「もっちり」「きらきら」「わくわく」「ひりひり」など、物事の状態や心情の様子を音にたとえて表現します。

オノマトペは、たった1語でさまざまなことを伝えられる意味含有率の非常に高い言葉です。たとえば、「雨がザーザー降っている」と書くだけで、雨の強さ、勢い、量、恐怖感などを、「ザーザー」というわずか4文字で伝えることができます。

このようにオノマトペは、情報の送り手が受け手に対して、伝えたい情景をまるで絵のように思い浮かばせることができるという特徴があり、実際、ドイツ語では、オノマトペは「音の絵」と言われています。

ちなみに、オノマトペは世界的に使われていますが、欧米では擬音語が多い傾向があります。たとえば、アメコミなどによく出てくる「boom」(どっかーん!)、「bump」(ドン!)などがその代表です。

それに比べて日本は、世界的に見て、擬態語が多い国ということがわかっています。明治大学の小野正弘教授(編)『擬音語・擬態語4500日本語オノマトペ辞典』(小学館)では、オノマトペが約4500も収録されています。ちなみに英語のオノマトペが1500語程度と報告されているので、その多さがわかると思います。

新しいオノマトペも次々生まれていて、2020年に「流行語大賞」を受賞した、泣いている様子を表す「ぴえん」もそのひとつです。

「TikTok」でバズった「きゅんです」の「きゅん」は、胸がときめく様子を表した言葉で、古くからあるオノマトペです。「です」と組み合わせた新しい使い方が、広く若者の心に響いたようです。

冒頭で紹介した通り、近年、オノマトペのパワーワードとしての活用が、商品名や広告宣伝の世界でじわじわと広がり続けています。幅広い業界で活用されていますが、中でも食品、美容、ファッションの分野とは、非常に相性が良いようです。

たとえば食品では、「もっちりパン」「サクサク食感」「じゅわっとジューシー」。美容では、「お肌しっとり、すべすべ」「髪サラサラ」、ファッションでは「ふわっとした質感」「キュッとしたライン」などが、すぐに思い浮かびます。

また、スポーツ界や教育界でも、古くからオノマトペが活躍してきました。「バットをシュッと振る」「ボールをドンと蹴る」「背筋をピーンとする」など、コーチングの際、オノマトペは一般的な言葉で言い表しきれない状態を感覚的に伝えるのに大変便利な言葉だからです。

というわけで、こんなにパワーのあるオノマトペを使わない手はないのですが、私たちは大人になるにつれて、公の場ではあまり使わない傾向が強くなっていきます。オノマトペは幼児がよく使うため、子どもっぽいとか、ボキャブラリーが貧困な人が使うものといった、否定的なイメージをオノマトペに抱いている人がいるからでしょう。

彼らは、オノマトペは子どもっぽいというネガティブな思い込みにより使用しないという心理状態をつくり、勝手に制限をかけているようにも見えます。これを心理学的にリミッティングビリーフといいます。

しかし、この本の読者の皆さんにはリミッティングビリーフを外して、日頃からオノマトペをじゃんじゃん使っていただきたいと思います。オノマトペは使わないと、どんどん出てこなくなってしまいますし、普通の言葉にとらわれて自由な発想で物事を考える力も衰えてしまう可能性が高いからです。

私は、企画書や公的な文章などでも、オノマトペを使うことでわかりやすくなる部分は、積極的に使うべきだと思っています。無理にオノマトペを使わないようにして書こうとするから、大人の文章はやたら長くなりがちなのではないでしょうか。

実は国会でも、年々、オノマトペを使用する人が増えているというデータがあります。国会におけるオノマトペの使用回数について、2013年6月11日に放送された

ＮＨＫ総合の『クローズアップ現代』によると、１９９０年は1万４８５3回だったのに対し、２０１1年は3万８４６０回に増えたデータを紹介しています。

今は、難しい言葉遣いや長い説明は嫌われる時代です。オノマトペ＝パワーワードが、伝えたい内容を短い言葉で簡潔に伝えることができる言葉だという事実が、改めて社会にじわじわと広がっているのでしょう。

パワーワードを使うだけで、注目度が上がる

商品の売上を伸ばしたいのであれば、品質ももちろん大事ですが、注目度を上げて、消費者の目に留まるようにすることが非常に大事です。どんなに素晴らしい商品でも、注目されなければ存在自体知られることもなく、いつまでも買ってもらえません。そこで売り手は注目を集めるための工夫をいろいろ考えるわけで、パワーワードはその点でも大いに威力を発揮します。

なぜなら、パッケージやポスターなどにパワーワードが使われていると、消費者は商品のもっとも大事な特長や、実際に食べたり使ったりしている場面を即座にイメージすることができるため、商品の情報が脳に届きやすいからです。

パワーワードが使われていないと、たとえ優れたキャッチコピーであっても、消費者はなかなか注目してくれません。文章だと、まずはそれを読んで理解しなければな

らず、パワーワードに比べると脳に届くまで時間がかかるからです。かつ、イメージしづらく、記憶にも残りにくいのです。

ウェブや雑誌、新聞などのニュースでも同じです。文字がただ並んでいると、よほど興味のあること以外は、なかなか目に留まらず、スルーしてしまうことが多いのではないでしょうか。しかし、読者を引きつけて内容を読んでほしいのは、商品の売り手もニュースの書き手も一緒です。

そこで書き手は、ニュースの見出しや文章の中に、読者を注目させるワードを仕込ませることになりますが、そこにパワーワードが使われていることが結構多いのです。特に、オノマトペと親和性が高いスポーツニュースでは、その傾向が顕著です。いくつか例を挙げてみましょう。

まず、東スポWebに掲載された、羽生結弦元選手の4回転ループに関するコメントを紹介している記事です。以下はその一部です。


フリーに向けて、4回転ループの修正点として本人の口から出たのが「シュッとやってパッと下ります」という言葉だった。その意味を問われると「そんなもんですよ、僕の場合。今日はシュッが足りなかった。シュッはタイミング。自分の中では分かっているけど、言葉にするのは難しい。技術的なことをくどくどと説明しても仕方ないですし」と〝羽生ワールド〟全開で取材エリアを後にした。

読んでみると特に変わったニュースではなく、ただ羽生選手のコメントを紹介しているだけの記事なのですが、記者は羽生選手が発したパワーワードについ引きずられて、記事を書いたのでしょう。羽生選手ほどの人になると、パワーワードを発しただけで、自然と注目を集めてしまうのです。

サンスポ.comでは、「巨人・阿部、〝ミスター語〟全開！　小林をバンバン指導」という見出しがありました。ミスターとは、パワーワードの見事な使い手であった長嶋茂雄氏のことです。記事には「阿部は『ブァーンじゃなくてバンッ!!』などと長嶋茂雄終身名誉監督のように擬音を駆使して（選手に教育を施した）」とあります。ニュース自体は、阿部監督が小林誠司選手を指導したというだけですから、たいした話ではありません。この場合も、監督がパワーワードを使って指導したというだけで、ニュースになってしまったのです。

FOOTBALL ZONE WEBでは、INAC神戸の岩渕選手が決勝ゴールを決めた記事の見出しとして「『ちょんしてダァァァー』 INAC岩渕 約20メートル突破の〝渾身裏街道ゴール〟を自己解説」としていました。これなど、「小さくキックして素早く走ったゴール」と書かれていたら、なかなか読者の目に留まらないでしょう。でも、『ちょんしてダァァァー』と書かれていると、読み手はつい、「おや?」と目を留めてしまう。そして、記事を読んで、「なるほど、小さくキックして素早く走ったゴールだったんだな」と、その場で起こったシーンを生き生きとイメージできるわけです。

このように、優秀なスポーツ選手がパワーワードを使うことは非常に多いです。それは、「どうやってゴールを決めたんですか?」と問われたとき、本人にはしっかりとストーリーがあるわけですが、それはかなり感覚的なものなので言葉で説明するのは難しく、感覚的な言葉であるパワーワードで表すしか、表現のしようがないからです。

このように、人の感性に訴えかけるパワーワードは、非常に感覚に特化したアンバランスな言葉とも言えます。でも、だからこそ、使い手の個性が表出するし、人の心に突き刺さり、注目も集めるのです。バランスのいい言葉だけを並べても、人の心には刺さりません。ある意味いびつな表現だからこそ、人の興味を引きつけるのです。

これは、アスリートに限った話ではありません。売り手が商品について消費者に訴えかけたいとき、食感や触感、身体で感じること、心で感じることなどは、一般的な言葉では伝えきれません。「オノマトペで表現するなんてあいまいだ」「論理的じゃないから正しく伝わらない」などと言う人もいるかもしれませんが、長く味気ない言葉を尽くして論理的に正確に説明したところで、人々の目には決して留まりません。

その点、パワーワードを上手に使えば、細かいところは表現できていなくても、商品の一番大事な核となる部分が消費者に伝わります。感覚に訴えかけることで、注目度が高まることは間違いないのです。商品に注目を集めるという最大の目的を果たすべく、パワーワードを使って、まずは注目度を上げることに力を注ぐべきでしょう。

印象的な音とリズムで記憶に刻み込む

ＣＭ業界において、〝パワーワードをいかに巧みに使いこなすかが成功のカギ〟という考え方は、今やすっかり定着しています。

実際、パワーワードの独特のリズムや印象的な音が人々の記憶に強い爪痕を残し、商品の知名度アップや売上アップにつながったＣＭはたくさんあります。ここで、少し懐かしい例を挙げてみましょう。

印象的な音のパワーワードのＣＭで超話題になったのが、１９９１年にピップから発売された栄養ドリンク「ダダン」です。三十代以下の方はご存じないかもしれませんが、筋肉質な女性が現れ「ダッダーン！　ボヨヨン、ボヨヨン」と言って身体を揺らすＣＭです。私自身、中学生ぐらいのときに見て、強烈な印象を受けましたし、当時の中学生は動きをつけながらよく真似をしていました。この、いわば意味不明のパワーワードを使ったCMは当時非常に画期的なものでした。制作者にしてみれば、かなりチャレンジングな試みだったと思います。

このCMは、印象的な音のパワーワードによって人々の記憶にしっかりと刻まれたわけですが、その証拠に、30年後、大変興味深いことが起きました。このCMのパロディーである別の商品のCMが、2023年8月、突如テレビに登場し、CM業界を賑わせたのです。

こちらは、お笑いタレント・なかやまきんに君が出演する日清食品『カップヌードル 担担』のCMで、なかやまきんに君が商品を両手に掲げながら「タンターン ザクザク コリコリ」というパワーワードを繰り返していました。見た瞬間、四十代以上の人々は懐かしい！と注目し、三十代以下の若い人々も独特のパワーワードに「これはいったい何？」と注目したはずです。

これはあくまで私の推測ですが、私と同じぐらいの世代で、子どもの頃「ダダン」のCMを見てあのパワーワードを強く記憶に刻み込まれていたスタッフが「担担」のCM制作チームにいて、あの強烈なインパクトを新しい商品でも残したいと企画・提案したのではないでしょうか。それほど「ダダン」のパワーワードは、人々の記憶に残るものだったと考えられます。

ついでに、「タンターン　ザクザク　コリコリ」について解説すると、「タンターン」は映像と合わせれば担々麺のことというのは、視聴者に伝わります。でも、「ザクザク　コリコリ」は、このCMだけでは、何のオノマトペなのかわかりません。ただ、食感なんだろうな、というのはわかります。そうしたひっかかりにより、このパワーワードが視聴者の脳に刻まれ、「担々麺のザクザク、コリコリって何だろう。食べてみようかな！」と購買意欲をかきたてています。何がザクザクで何がコリコリなのか、あえて伝えていない。でも、そうした余白があるからこそ、人々の記憶に残り、注目度も上がるのです。このことからも、商品の特長を伝えるとき、必ずしも言葉を尽くして詳細に伝えればいいというものではないということは、おわかりいただけるでしょう。

もうひとつだけ、印象的な音とリズムで人々の記憶に刻まれたパワーワードCMを紹介しておきましょう。

こちらは、湖池屋「スコーン」。もともとは、1988年に登場したパワーワードを使ったリズミカルなフレーズで、人々の記憶に刻み込まれた商品です。

スコーンスコーン湖池屋スコーン
スコーンスコーン湖池屋スコーン
かりっとさくっとおいしいスコーン
かりっとさくっとおいしいスコーン

このフレーズで確実に記憶に刻まれるのは、「湖池屋のスコーン」という商品であること、食感が「かりっとさくっと」していること。そして「おいしいこと」。CMの作り手は、伝えたいことをその3点に絞ったのでしょう。かつ、同じフレーズをリズミカルに2回繰り返すことで、パワーワードの威力を増進させており、私はこれは最強のパワーワードCMだと感じました。

実は、このフレーズも、2022年に新バージョンでリバイバルしています。おそらく、作り手にとっても視聴者にとっても決して忘れることができない大変印象的なフレーズだったのだと思います。

ただし、印象的な音とリズムで人の記憶に残るパワーワードは、印刷物で力を発揮するのはなかなか難しいでしょう。ＣＭをはじめ、YouTube配信、店内で流すビデオ動画などでおすすめしたい技法です。

パワーワードなら、少ない言葉で伝えたいことが伝わる

商品を売りたいとき、売り手はついその特長をこまごまと説明したくなります。しかし本来、広告・宣伝に長い文章はご法度です。固い印象を与えるし、それ以前に、買い手は読む気になりません。買い手に目を留めてもらうためには、売り手はできるだけ簡潔にわかりやすく、商品の特長を訴えかける必要があります。

特に商品のパッケージ、ポップやポスターなどを制作する際は、引き算思考で言葉をできるだけそぎ落として、10の内容を1語で伝えるぐらいの気概が必要です。そこでパワーワードとなるのが、意味の含有率が高いオノマトペです。

これまで述べてきたように、オノマトペを使えば、使用する文字数を極限まで減らすことが可能になります。しかもオノマトペはコミカルさも兼ね備えているので、説明的な表現と違い、親しみを持って読んでもらえる可能性が高まります。

そんなパワーワードの使い方で、ひとつの参考になるのが、実は絵本です。
ノンフィクション作家の柳田邦男先生は、読売新聞のヨミドクターの「大人にこそ絵本を」という記事で、次のように語っています。

「子どもにも分かるやさしい言葉遣いと絵の世界に、何万語も費やす小説に劣らないメッセージが込められている」

絵本では、必ずと言っていいほどオノマトペが多用されており、オノマトペだけの絵本もたくさん出てベストセラーになっています。絵本では、ほんのわずかな字数のオノマトペだけで、状態、様子、感情などわかりやすく伝えています。絵本こそ、まさに究極のミニマム表現と言えるでしょう。

これに対して、大人の社会やビジネスの世界では、企画書にしても、カタログや説明書にしても、とにかく字数が多くなりがちです。まず読む気がなくなるし、一般的な言葉は多くなれば多くなるほど、伝えたいことが相手に伝わりにくくなるというパラドックスを抱えています。

「絵本の表現を参考に」と言うと、すぐに拒否反応を示す人もいますが、リミッティングビリーフをとりはらって、ぜひ自由な発想でオノマトペを活用してみていただきたいと思います。実際にやってみると、オノマトペがいかに短い言葉で多くのことを伝えられるか、実感いただけるはずです。その実践方法については、あとの章で詳しく解説していきたいと思います。

TikTokなど短いSNSでオノマトペが生きてくる

近年、SNSの急速な浸透により、商品のPRにYouTubeやTikTok、Instagram、X（旧Twitter）などを活用している方が多くなっています。こうした配信の場でパワーワードはさらに大活躍するので、ぜひコツを抑えて使っていただきたいと思います。

SNSの中で、特にパワーワードを活用してほしいと思うのが、TikTokやXのように、アップできる時間もしくは視聴者に見てもらえる時間が30秒以下と短いSNSです。

なぜなら、時間が短い表現こそ、意味の含有率が高いパワーワードが威力を発揮するからです。

広告は、時間が短ければ短いほど、消費者に伝えたい商品の特長が絞り込まれます。

その伝えたい真髄ともいうべき部分をパワーワードで表現すれば、ごくごく短い言葉で強いインパクトを視聴者に残せる可能性がぐんと上がります。

その際、参考になるのが、ジャパネットたかたの高田明前社長のトーク術です。高田社長が商品説明するときは、必ずと言っていいほどパワーワードを上手に使用していました。たとえば掃除機の商品説明をする際には、「ゴミをぐんぐん吸い込みます」などが思いつきます。高田社長は「ぐん」を2回ではなく4回にして、「ゴミをぐんぐんぐんぐんと吸い込みます」と吸引力の強さをさらに強調したり、両手を使ってぐんぐん吸い込むさまを、ややオーバーにジェスチャーで表現してアピールしていました。

パワーワードは、ジェスチャーとも非常に相性が良く、この2つが組み合わさることで人の注目を十二分に引きつけます。配信の際などは、ぜひともオーバーアクションでパワーワードを盛り上げていただきたいと思います。

TikTokやXにアップするときは、たとえば、掃除機の商品説明なら「ゴミをぐんぐん吸い込みます」と言ってオーバーアクションで吸い込む様子を再現した部分だけを切り取ります。ほかの説明は一切なし。ほぼパワーワードだけで勝負するのです。パワーワードのリズムやアクションが面白ければ、人々は注目し、バズる可能性も出てきます。

TikTokやXで注目が集まれば、その商品とパワーワードは放っておいてもどんどん拡散されていきます。この段階では、商品の説明がほとんどできていなくてもよいのです。そして注目を集めたところで、YouTubeなどに誘導すれば、もう少し時間を使って、しっかり商品について説明することも可能です。

スティーブジョブズもパワーワードを商品説明で使っていた

YouTubeのようにある程度長い時間を使える配信でも、パワーワードは大いに威力を発揮します。TikTokやX同様、商品の特長をオノマトペで表現し、リズミカルに、アクションを使って発信してみてください。

長めの配信の際、参考にしていただきたいのが、Apple社の創業者であったスティーブ・ジョブズです。実は、ジョブズは営業トークやプレゼンテーションで「Boom!(ブーン!やブン!)」というパワーワードをよく使っており、「オノマトペの魔術師」の異名を持っていました。

彼は、話に注目してほしいとき、製品の素晴らしさを強調したいときなど、ここぞというところで「ブーン!」という濁音《だくおん》の入った力強いオノマトペを発し、人々の注目を引いていたのです。

プレゼンテーションは、パッと目にする商品パッケージやポスターなどと違い、情報の受け手はある程度の時間をただ聞くという受け身の状態で過ごします。ですから、どうしても集中力は減退していくし、寝てしまう人も出てきます。そのため、聞く人の興味を呼び覚ます仕掛けが必要で、ジョブズはそれに「ブーン!」というパワーワードを使っていた可能性が考えられます。

こうしたパワーワードの使い方が人の注目を引きつけることは、私自身、強く実感しています。私は、ジョブズの「ブーン!」を授業に取り入れようと考え、「ブーン!」の代わりに「じゃーん!」を使うようにしてみました。

授業中、ここぞというところで、「はい、ここ大事。注目」ではなく、「じゃん!」とか「じゃーん!」と言うようにしたのです。「はい、こちら。どん!」と言う場合もあります。そうすると、それまでちょっと興味なさそうにしていた学生たちも、ぱっと顔を上げて注目するんですね。絶対聞き逃すなよ! ここ素晴らしいよ! 次話変わるよ! といったときに使ってみましたが、効果てきめんでした。

以前は、「ここ大事です」とか「注目してください」と、普通に意味のある言葉で注意を促していただのですが、それだと多くの学生はあまり反応してくれませんでした。「ここ大事です」「注目してください」に比べると、「じゃん！」や「どん！」といったパワーワードはただの音（「じゃん」は大きな金属を叩いたときに長く響きわたる音、「どん」は太鼓などを強く打つ音）です。でもだからこそ、いわば〝異音〟として自動的に耳に入ってきて、聞く人の能動性を目覚めさせるのだと私は解釈しています。

ジョブズのプレゼンでは、聴衆は「ブーン！」という異音が耳に入ったことで、自動的に「お、何なんだろう？」と、頭に「？」が出る。それを感じて、目の前にある映像や商品をついまじまじと見てしまうのだと考えられます。その瞬間に、あの巧みな話術で商品の特長を聞かせてしまうのです。彼はそうやって聴衆の心を揺さぶっていたのだと推察しています。

ちなみに、私は、こうしたパワーワードの使い方を、絵本の読み聞かせで子どもたちの前でもやったことがあります。

絵本には書いていないのですが、ここぞというところで「じゃん！」とか「ばーん！」と言って読み聞かせをしてみたら、そうではないときに比べて子どもたちの反応はとても良かったです。

子ども向け商品の紹介を親子で聞いてもらうときなどは、パワーワードを随所で使いながら、子どもたちの注意を引きつけてみるとよいと思います。

第2章

「パワーワード」の使い方とその威力

商品開発やアイデア出しにパワーワードが威力を発揮

商品名をはじめ、パッケージやキャッチコピー、CMや配信などで威力を発揮するパワーワードですが、実はそれ以前の、商品開発やアイデア出しの段階でも想像以上の威力を発揮します。

ここでご紹介したいのが、日本を代表する世界的建築家で、東京大学の特別教授でもある隈研吾教授の著書、その名も『オノマトペ建築』です。

教授は東京大学教員の著作を著者自らが語る広場「u Tokyo Biblio Plaza Book written by UTokyo professor」で、次のように本書を紹介しています。内容は、設計事務所でどんなふうに打ち合わせがなされているかを述べたものです。オノマトペ＝パワーワードがいかにクリエイターの発想を豊かにするか、わかりやすい言葉で語られています。少し長くなりますが引用してみましょう。

そこでどんな会話が交わされているかというと、「パラパラが足りない」とか、「ギザギザが強すぎる」とか、「ツンツンしすぎてる」といった感じで、オノマトペが占める割合が極めて多いのである。

建築関連の過去の書籍や論文を眺めてみても、建築を記述するためにオノマトペが使われているケースはほとんどない。「透明感がある」とか「軽やかである」とか、「分節がはっきりしている」という言葉は頻繁に用いられるが、同じ透明感がある場合でも、パラパラとした透明感とか、フワフワとした透明感とかいろいろあって、透明というだけでは、全然踏み込んだデザイン論にならないのである。

それだけ建築における質感が大事にされはじめてきたといってもいいわけであるが、従来のヴォキャブラリーの範囲だと、「質感があるね」と「質感がないね」の二つぐらいしかなくて、ほとんど何も言ったことにならないのである。だから僕らの事務所では、幼稚園生の会話のようだという批判を恐れずに、オノマトペを連発しているのである。

オノマトペは世界の言語の中で存在するが、特に日本語はオノマトペが豊かであると指摘される。日本の建築が、世界の建築界の中でも独特のポジションを獲得していることと、日本語の中でのオノマトペの豊かさは、関係があると僕はにらんでいる。

このように、隈教授は、建築は質感が大事であり、質感という感覚的なものは通常の言葉だけでは表現しきれないので、打ち合わせでオノマトペをたくさん使用しているとおっしゃっています。「パラパラが足りない」「ギザギザが強すぎる」と、オノマトペをじゃんじゃん並べていくことで、一般的な言葉では言い表すことができなかったイメージが収れんされていき、最終的なデザインにたどり着くという感じでしょう。

隈教授もおっしゃっている通り、言い難いことを表現できるのがオノマトペ＝パワーワードです。パワーワードを積極的に使っていなかったら、隈教授の独特な世界観はなかなか生まれてこなかったかもしれません。

同様に、「ＦＩＲＥ」「生茶」「アミノサプリ」など数々のヒット商品を世に送り出した、元キリンビバレジ商品企画部長で、現湖池屋代表取締役社長の佐藤章氏は、Ｎ

HK『プロフェッショナル　仕事の流儀』で、商品開発で何かをイメージする、あるいはそのイメージを相手に伝えるときにオノマトペを使用すると語っています。

進行役の脳科学者の茂木健一郎氏が佐藤氏に、「言葉とかで人々にイメージとか伝えていくのが（佐藤氏は）すごくうまいと思うんですけど」と尋ねたところ、佐藤氏は「イメージは長嶋茂雄さんのつもりでやっているんですけれど。（飲料を）飲んだ時の気分というのは、擬音にしたり、飲料じゃない食べ物に例えた時の方が自分の気持ちに偽りがない感じ。形容詞で表現し直してしまうと、何か一番角張ったいいところが、お客様にもメンバーにも伝えられない場合というのが結構あるんで」と答えていました。

まったくおっしゃる通りだと思います。アイデアを出すときは、できる限り発想を自由にする必要があります。そのとき、一般的な言葉を使ってしまうと、その言葉にとらわれて発想がどんどん狭くなってしまいます。パワーワードをじゃんじゃん使っていけば、言葉では伝えきれなかった感覚が積み重なっていって、斬新な発想へとアイデアがまとまっていくのです。

パワーワードで商品の特長や違いを一瞬で伝える

パワーワードは、売りたい商品の特長を浮かび上がらせ、他社の商品との差別化を図るという目的でも使えますが、自社商品のラインナップの特長の違いを一瞬で伝え、それぞれの良さをアピールするのにも大いに役立ちます。

掃除機を例に考えてみましょう。あなたの会社で、以下の3タイプの掃除機を扱っていると想定します。

Aタイプ：拭き掃除機能つきの掃除機
Bタイプ：吸引力がもっとも強い掃除機
Cタイプ：軽く持ち運びがしやすい掃除機

この場合、たとえば私がパワーワードを使ってキャッチコピーをつけるとしたら、次のような感じになります。

Aタイプ：隅々までピカピカに拭き上げる！
Bタイプ：ぐんぐんぐんと吸い込む驚きのパワー！
Cタイプ：スイスイ使えてお掃除らくらく！

もしこのコピーが3つ並んでいたら、細かな商品解説を読まなくても、消費者はそれぞれのタイプの違いを瞬時にずばっと感じ取ることができるでしょう。そして、「私がほしかった機種はコレ！」と、心を決めることができるはずです。
あるいは、「掃除機はほしいけれど、どんなのがいいかな？」と迷っていた人は、キャッチコピーにあるパワーワードを見たときの気持ちの動きで、自分が本当はどんな掃除機を求めていたのか、気づくことができるでしょう。
このように、パワーワードは機種の違いをわかりやすくひと言で表現する上に、消費者の中にある欲求を刺激して、決断の背中をぐっと押す役割も果たすのです。

パワーワードを巧みに使った商品差別化の一例として、富士急ハイランドをご紹介しましょう。

皆さんは、次の3つの名称から、どんなアトラクションを想像するでしょうか。

A：ZOKKON（ぞっこん）
B：うきうきクルーズ
C：トーマスのドキドキプレイグラウンド

実際のアトラクションは、以下の通りです。
A：絶叫系のバイク型ライドコースター
B：ちょっぴりスリリングな水上コースター
C：機関車の整理工場がモチーフの子ども向けプレイグラウンド

いかがでしょうか。なんとなく、名称から思い浮かべた想像に近いアトラクションだったのではないでしょうか。この場合、あなたの頭にイメージを湧かせたのは、パワーワードだけではなく、「クルーズ」や「トーマス」といったほかのワードの力もあります。しかし、パワーワードが入っていることで、よりイメージが浮かびやすくなっていたのです。

富士急ハイランドに遊びに来たお客さんは、これらの名称を見て、アトラクションの違いを感覚的に理解します。そして、「これはきっと絶叫系だな」とか、「水上の乗り物だけどそれほどハードではない感じだな」とか、「親子でドキドキしながら楽しめる場所だな」とか、想像することができ、アトラクション選びがスムーズに楽しく行えるというわけです。

なお、後述しますが、「ZOKKON」については、アルファベット表記にしたことも大きなポイントだと思います。「ぞっこん」では、どこかふんわりしたイメージが湧いてしまいますが、アルファベットになっていることで、ハードでスリリングなイメージを喚起することに成功しています。

パワーワードで実際に食べている口腔感覚を想起させる

今からご紹介するお話は食感のパワーワードなので、食品限定の内容になります。結論から先に言うと、食品のキャッチコピーに食感を表すパワーワードを使うことで、消費者にその商品を実際に食べている口の中の感覚を想起させる可能性がある、という話です。

まずは、左ページの図をご覧ください。①の場合、どちらが「ブーバー」で、どちらが「キキ」だと思いますか？　②の場合、どちらが「モーリー」で、どちらが「カーク」だと思いますか？

こうした調査を行ったところ、ほとんどの人が①はAが「キキ」、Bが「ブーバー」、②はAが「モーリー」、Bが「カーク」と答えたというのです。いかがでしょう。皆さんも同様だったのではないでしょうか。

① どちらが「ブーバー」で、どちらが「キキ」？

A　　　　B

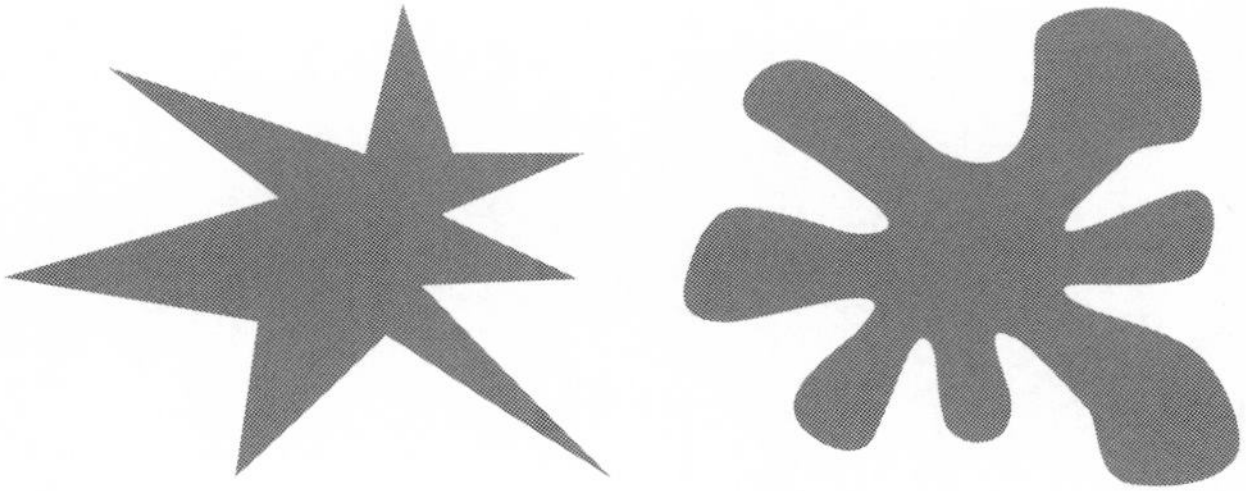

② どちらが「モーリー」で、どちらが「カーク」？

A　　　　B

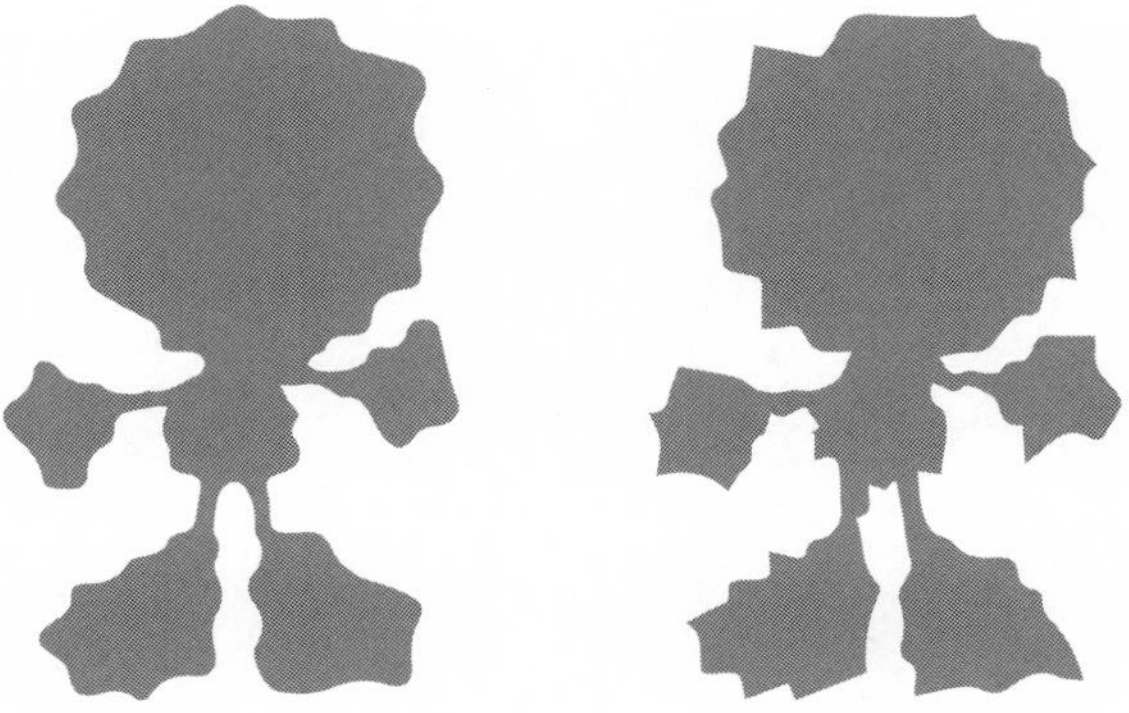

参考文献：David M. Sidhu and Penny M. Pexman（2019）
「The Sound Symbolism of Names」

これは、今から100年ほど前、心理学者ヴォルフガング・ケーラーが1929年に報告した研究で、心理学者V・Sラマチャンドランが「ブーバー・キキ効果」と命名したものです。この研究から、音韻《おんいん》的特徴によってイメージする視覚的形状が対応しているということが示唆されました。

「ブーバー」や「モーリー」という音には、なんとなくぼんやりと広がっていたり、柔らかく角のないイメージがあり、「キキ」や「カーク」には、とがっていたり角があるイメージがあって、しかもそれは、性別、年齢、国籍もほぼ関係なく、ほぼすべての人々に共通していると考えられます。

ブーバー・キキ効果とオノマトペの間には、何らかの関係があるといわれていますが、私は、人々は音によって特定の形状を自然と思い浮かべるのと同様に、音によって特定の口腔感覚（ここでは口の中の形や触感）を自然と思い浮かべている可能性があると推察しています。

たとえば、私たちは「もちもち」と口に出してみるだけで、やわらかさやもっちりしたものを食べているときの口腔感覚を頭の中に思い浮かべている可能性があると考えられます。関連する内容として、感性リサーチ代表取締役社長の黒川伊保子先生は、著書『怪獣の名はなぜガギグゲゴなのか』の中で「ことばの音の響きには、潜在的に人の心を動かす力がある。発音の生理構造に依拠した、人類共通に与える潜在情報があるのだ」と述べています。

実際、「サクサク」と口に出すだけで、まるで薄いチップスを食べているような口腔感覚が頭の中に浮かんでくるのではないでしょうか。「サクサク」には「キキ」同様に「K」の音が入っていることで、少し硬いものが思い浮かびます。黒川先生は、「K」の音について「喉を硬く締め、強く息を出して喉をブレイクする」と自身の体で硬さなどを体験していると解説しています。

そして「サ」に含まれる「S」の音には軽やかさが感じられる性質があるので、「サクサク」となったときに、あの食感がイメージされるのだと思われます。

口腔感覚がイメージされれば、食欲が刺激され、「食べてみたいな」という購買意欲もかき立てられるのもうなずけます。パワーワードが特に食品との親和性が高いのは、おそらくこのあたりに理由があると、私はにらんでいます。

身体をムズムズさせる音の表現法

直感的で感覚的なパワーワードならではの特徴に、〝身体をムズムズさせる〟というものがあります。パワーワードに身体を動かすボディーフレーズが入っていると、それを見たり聞いたりした瞬間、受け手は思わず身体を動かしたくなってしまうのです。

たとえば、普通の言葉で「よく振ってください」とか「何度か回転させてから取り外して捨ててください」などと書いてあっても、消費者は「なんだか面倒そうだな」と感じるだけです。でも、パワーワードで「フリフリしてください」と書いてあったらどうでしょうか。多くの消費者は、思わず自分もフリフリしたくなるし、「くるくるポイッで完了です」と書かれてあると、自分もついつい「くるくるポイッ」としてみたくなってしまうのです。

第1章で紹介した花王の食器用洗剤ブランド「キュキュット」は、その代表的な成功例です。「キュキュッと」というパワーワードの効果で、消費者はついこの商品を使って食器をキュキュッとしてみたくなります。そして、「本当にキュキュッとなるのかな」と、一度は買ってみようとなり、思わず商品に手を伸ばしてしまうのです。

アース製薬の洗口液「モンダミン」のCMで流れる、「お口、クチュ、クチュ♪モンダミン♪」も同様です。あの歌を聞くと、つい自分もお口をクチュクチュとすすいでみたい気分になるでしょう。

日本マクドナルド「マックフライポテト」のラインナップである「シャカシャカポテト」も、ボディフレーズが入ったヒット商品です。この商品は、フライドポテトをシーズニングと一緒に紙袋に入れたもので、消費者は紙袋をシャカシャカと振って楽しみながら味わいます。CMでも、俳優の堺雅人氏が、紙袋を全力でシャカシャカする様子がコミカルに描かれていました。

同社のニュースリリースには、「シャカシャカポテト」を盛り上げるTikTok動画も多数用意してあるというお知らせとともに、「思わず『シャカシャカ』したくなる動画にご期待ください」と書かれていました。さすが日本マクドナルドですね。ボディフレーズが入ったパワーワードのもっとも効果的な使い方を、しっかりと理解し、実践されていたのです。

このように、その商品を使用するときの動きが楽しかったり特徴的だったりする場合は、ボディフレーズを使ったパワーワードをぜひ検討してみてください。

なお、身体の動きにフォーカスしたパワーワードとして、近年急速に使用頻度が伸びていると思われるのが、「ポチッと」でしょう。

もともと「ポチッと」とは、ボタンやスイッチなど小さな突起を押すときのオノマトペですが、近年ではもっぱら、オンラインショッピングなどで商品購入ボタンをクリックするときのオノマトペとして広まっています。商品購入以外にも、何かの申し込みや同意ボタンを押すときにも使われます。

この「ポチッと」には、やはり身体をムズムズさせ、ボタンを思わずクリックさせてしまうパワーがあるので、オンラインショップやテレビ通販などで消費者の購買行動をひと押しするのに役立つパワーワードです。

ユーチューバーは、よく配信で「お気に入り登録お願いします」と言っていますが、あれでは視聴者の心は簡単には動かないでしょう。それよりは、「お気に入り登録、ポチッとよろしく」とか、「お気に入り登録、ポチポチッとお願いします」と語りかけて、身体にダイレクトに働きかけたほうが、効果は出やすいと思います。

パワーワードで五感に訴える

改めて言うまでもなく、商品のメリットやベネフィットを伝えるとき大切なポイントのひとつは、消費者の五感に訴えかけることです。視覚、聴覚、嗅覚、触覚、味覚という感覚を刺激することで、人はよりリアルにその商品を消費している様子をイメージできるからです。

そして、そのときに一般的な言葉よりもよほどイメージを消費者に伝えるのが、パワーワードです。

パワーワードで伝えると、その商品を使ったり食べたりしているときの臨場感、躍動感がリアルに脳内に立ち上がってきます。

五感を刺激するパワーワードの例をいくつか挙げてみましょう。

視覚：きらきら　ぴかぴか　はっきり　ぼんやり　くっきり
聴覚：りんりん　カランコロン　はくしょん　カキーン　ドカーン
嗅覚：ふんわり　ふわっ　ぷんぷん　つん　すーすー　すーっ
触覚：すべすべ　ぷるぷる　つるつる　ふんわり　ふっくら
味覚：あっさり　すっきり　さっぱり　こってり　ほんわか

ここに挙げたのはほんの一例で、五感をそれぞれに刺激するパワーワードはほかにもたくさんあります。

商品には、視覚優位なもの、聴覚優位なもの、嗅覚優位なものと、それぞれあると思うので、その商品ごとに特定の感覚を刺激するパワーワードを選んでキャッチコピーなどに使うと、消費者は強く興味がひかれるのです。

たとえば柔軟仕上げ剤の場合、優位な五感は触覚と嗅覚です。ひとつ例を作ってみましょう。

「タオルふっくら、香りふんわり」

いかがでしょう。タオルを顔に当てた瞬間の、ふっくらした触覚や優しい香りがぱっと頭の中に浮かんでくるのではないでしょうか。

この場合、商品の売りは、柔らかさが出ることと、ほのかな良い香りがつくこと。刺激したかったのは触覚と嗅覚です。

柔軟剤によっては、手触りも香りもすっきりしていることが特長というものもあるでしょう。その場合は、たとえばこんな感じです。

「おろしたてみたいに、サラッとすっきり」

おろしたてのシャツのさらっとした肌触りと真新しい無臭の感じが、リアルに伝わってくるのではないでしょうか。

ところで皆さんは、アメリカの有名な経営コンサルタントであるエルマー・ホイラーの著者『ステーキを売るな、シズルを売れ』をご存じでしょうか。

シズル（sizzle）とは、肉を焼くときのジュージューいう音を表すオノマトペで、英語でsizzle wordといえば、食感系のオノマトペのことを指します。ホイラー氏が著者で言っていたのは、肉を売ろうとするのではなく、音や香りなどを売れということ。つまり、五感に訴えかけろということでした。実際、この公式を参考にして大きく売上を伸ばしたという販売員さんは世界中に大勢いたといわれています。

また、イグ・ノーベル賞を受賞したオックスフォード大学のチャールズ・スペンス教授は、「ソニックチップス」という研究で、チップスを食べるとき、ヘッドホンを装着させてパリパリという音を聞かせると、何も聞かせていないときと比較して、新鮮に感じるという結果を発表しています。

いずれの結果からも、消費者の購買意欲を刺激するには、パワーワードを使って五感を刺激することが早道であるということが納得いただけるのではないでしょうか。

通販だからこそ、パワーワードで商品の魅力をリアルに伝える

近年、右肩下がりの店舗販売に比べ、売上をどんどん伸ばしているのがオンラインショップです。オンラインや通信販売での買い物は実に気楽で便利ですが、ウェブやカタログを見ただけでは、視覚以外は刺激されないことが多く、どうしても商品のイメージがつかみづらいという欠点があります。なかなか購入する決心がつかないと感じたことがある方、購入した商品がイメージとかなり違っていたという経験がある方は少なくないでしょう。

実際、オンラインや通販では試食も試着もできませんし、実物を見たり触ったりすることもできません。それでも商品を購入してもらうためには、売り手はお客さんに商品を使っているシーンをできる限りイメージしてもらうように、工夫する必要が出てきます。

そこで活用してほしいのが、やはりパワーワードです。パワーワードは五感を刺激する言葉なので、商品の写真と一緒に添えることで、サイトを見ている人に味わいや食感、使用感や手触りなどが伝わりやすくなります。

大手通販ベルメゾンネットでは、「しあわせな擬態語オノマトペ」と題して、おすすめ商品ページに誘導するサイトを展開していました。パワーワードを使って買い手に商品を使ったり食べたりしているイメージを感じてもらう仕掛けを作っていたのです。

このサイトのトップページには、「つやつや」「きらきら」「とろふわ」「もふもふ」「さらふわ」「とろん」など、パワーワードが書かれたかるたが並んでいて、パワーワードを選んでクリックするとかるたが裏がえり、その言葉を使った商品のキャッチコピーと商品写真が現れます。

「つやつや」を例に挙げてみましょう。「つやつや」をクリックするとかるたの裏側に、ブラウスの商品写真とともに「つやつやは私を華やかに見せる」というキャッチコピーが出てきます。さらに「商品ページへ」というボタンをクリックすることで、詳細な説明がある商品購入ページに飛びます。そこには、素材について「つややかなサテン素材が上品な印象」と書かれていました。

つまりこのサイトは、商品の最大の特長である素材のつやつや感をパワーワードを使ったキャッチコピーで表現するとともに、実際にその商品を使っているイメージや楽しさ、喜びもイメージさせ、上手に消費者の購買意欲を刺激しているのです。

ほかにも、「さらふわ」のかるたをクリックすると、裏面に「さらふわり雲の上かもお風呂あがり」とあり、バスマットの商品ページに。「ふっくら」のかるたをクリックすると、「ふっくらと弾むお肌日々の一滴」と出てきて、美容液の商品ページに飛ぶようになっていました。各商品を使用しているイメージが具体的に浮かぶ、パワーワードを切り口にした見事なウェブサイトだったと思います。

オンラインショップや通販の場合、商品説明でも要所要所でパワーワードをどんどん使うべきだと思います。

たとえば「すっきりと体型をカバーするデザイン」「チクチクしにくい素材」「たっぷり使える大容量」などなど……。実際に手に取ってもらえないぶん、触感、匂い、サイズ感、着心地、使い心地などをできる限りリアルに感じてもらうために、ぜひ、パワーワードを活用してください。オンラインや通販で買い物をする消費者はできるだけ多くのリアルな商品情報を求めているので、パワーワードが発するイメージはしっかりと受け止められるはずです。

事前に伝える情報がリアルな使用感・食感に近ければ近いほど、「イメージと違った」といった返品を防ぐことにもつながるでしょう。

ネガティブな音も使い方次第で魅力的なパワーワードに

これまでも述べてきたように、消費者の興味をひきつけるパワーワードといえば、食品でいえば「もちもち」「さくさく」「ふんわり」などが真っ先に思い浮かびます。たしかにどれも好印象で、食欲が刺激されるパワーワードだと思います。

では、「ズルズル」「ビリビリ」「どろどろ」はどうでしょうか。おそらく、どれもネガティブな印象があって、とても食欲がそそられるとは思えないでしょう。

でも、意外かもしれませんが、ネガティブな音も使い方次第では商品の魅力を引き出す強力なパワーワードとなり得ます！

まずは「ズルズル」。普通は汚らしいイメージのある言葉ですが、新鮮なとろろが売りのソバ屋だったらどうでしょうか。「粘りのあるとろろがうまい！　ズルズルッといっちゃってください！」というキャッチコピーがあったら、それはそれで食欲がそそられるはずです。特に、とろろ好きにはたまらないでしょう。

次に「ビリビリ」。こちらは痛いイメージのある言葉ですが、辛さが売りの四川料理店だったらどうでしょう。「舌にビリビリくる刺激！　これが本場の四川風麻婆豆腐」とあったら、辛い物が好きな人はぜひ食べてみたいと思うはずです。

そして「どろどろ」。これも泥を連想させる汚いイメージの言葉ですが、どろっとした食感が売りの焼肉のタレのパッケージに「超どろり！」と書いてあったらどうでしょうか。あっさりしたタレより濃くてとろみの強いタレのほうがお好みの方は、思わずひきつけられるのではないでしょうか。

実際、自宅近くのスーパーで焼肉のタレを買おうと思ったとき、濃厚なタレが好きな私は、思わず「超どろり！」に魅せられて、よく知らないままにこの商品を購入しました。たしかに濃厚でどろっとしていて、存在感のあるおいしいタレでした。創味食品の「焼肉のたれ」という商品だったのですが、あとでウェブで調べてみたら、人気があって高評価を得ていました。

つまり、普通はネガティブな言葉であっても、商品の特性とマッチしていれば、消費者の購買意欲をかき立てるパワーワードに十分なり得るのです。

しかも、一見ネガティブであるだけに、インパクトは絶大です。特に、特定の好みを持つマニアックなファンにとっては、きれいな表現よりもずっと魅力的に感じられるはずです。

こうした、一見ネガティブな言葉を堂々と商品名にしてヒットした典型的な例が、グリコ「ドロリッチ」でしょう。こちらは、グリコ乳業が2007年に「新感覚の飲むスイーツ」というコンセプトで発売したデザート飲料です。クリームとゼリーが混ざり合って独特のどろっとした食感が味わえる商品で、ピーク時の2009年には売上100億円を超えていたとも言われています。その後は少しずつ売上が下がり、2019年に販売終了となってしまいましたが、一時期は大ヒット商品であったことは間違いありません。「ドロ」という、食品では普通は使わないパワーワードを巧みに商品名に絡めてインパクトを高め、大成功したのです。

ついでに少し解説をプラスすると、「ドロリッチ」は、「どろどろ」の「ドロ」と、英語の「RICH」を組み合わせたネーミングと思われます。「ドロ」というネガティブなワードと「リッチ」というポジティブなワードが組み合わさっていたわけです。このギャップ感が、人々の興味をひいた面もあるでしょう。

また、商品パッケージの表記はカタカナではなく「Dororich」とアルファベットになっており、これがおしゃれ感を演出することにも成功していました。

一見ネガティブな音のパワーワードは、わかりやすい食品を例に挙げましたが、たとえば「今までになかったどろっと感！ 超保湿乳液」とか「ジンジンくる刺激感！温感湿布」など、ほかのジャンルでも応用できると思います。どちらかといえば個性が立った、マニアックな商品のキャッチコピーでパワーを発揮するでしょう。

触覚のパワーワードを使ったサンプルを配ると、記憶に残りやすい

消費者に商品を気に入ってもらい、愛用者になってもらうためには、商品に注目してもらう→手に取ってもらう→使用感や味わいを実感してもらい、商品の良さをしっかり覚えてもらう、という流れが必要です。

ここでは、美容関連商品など、触感が関係する商品において、パッケージやキャッチコピーなどにパワーワードを使った上で、買い手の記憶に商品を刻み込む手法をご紹介しておきましょう。

触感のパワーワードには、たとえば「スーッ」「しっとり」「すべすべ」「さらさら」などがあります。商品の特長に応じてこうしたパワーワードをキャッチコピーに使った上で、サンプル配布や店頭での実演・お試しなどを実施するのです。

実は、触感のパワーワードをキャッチコピーなどに使った商品は、コピーを知った

上で実際に使ってもらうと、使ったときの触覚を覚えてもらいやすくなる可能性が高くなると考えられます。「触覚知覚・記憶におけるオノマトペの影響」（辻健太、渡邊淳司、今井むつみ）という2017年の論文によると、オノマトペは触覚記憶をその人の記憶に留めるのに影響を与えると報告しています。

この場合、商品名やコピーにオノマトペを入れておいた上で、実際に触感を味わってもらうところがポイントです。

たとえば、ハンドクリームで、水仕事のあとに使用したとき、べたつかずすぐに肌に馴染む使い心地が売りの新商品を例に考えてみましょう。

キャッチコピーを「スーッとなじんで、指先までしっとり」として、店頭で展示コーナーを用意したとします。

まず、キャッチコピーを見て気になったお客さんは、「へー、スーッとなじんでしっとりするハンドクリームなんだ。使ってみようかな」と近づいて来られます。売り手は「スーッとなじんで、しっとりするクリームなんですよ。ご自宅でお試しください」と言って試供品を渡します。

お客さんは、自宅に帰って実際に水仕事をしたあとに、試供品を使ってみます。そのとき、「あ、なるほど！　確かに、スーッとなじんで、指先までしっとりするクリームだわ」と感じられると、その瞬間、この商品を使ったときの使用感が、しっかり脳に刻まれるのです。

こうした使用感のハンドクリームがほしいと思っていた人は、使った使用感が忘れられず、実際に購入に結びつき、さらにはリピートへとつながっていくことが期待されます。

同じ商品で、同様に試供品を渡したとしても、もしキャッチコピーにパワーワードが使われておらず、「〇〇成分配合によるいままでにない保湿力」というキャッチコピーだったらどうでしょうか。実際の使用感は同じでも、試供品を使ったとき、「スーッとなじんで指先までしっとり」という感覚が頭にイメージできないため、消費者はその使用感を記憶に残しにくいのです。記憶に残りにくければ、当然、買ってもらえる可能性も下がってしまいます。

この手法は、「さらさら」「とぅるん」「しっとり」「もっちり」「すべすべ」などのパワーワードを使うことで、ヘアケア商品やスキンケア商品にもおすすめです。

美顔器や肌に使うブラシ、ヘアブラシ、マッサージ器具など、触感と関係している商品であれば、応用可能だと思います。店頭実演コーナーを設けておけば、その場で購入に至らなくても、触感が記憶に残ることで、「ああ、やっぱり、あれは気持ちよかったな」「使用感が良かったな」と、再来店を促したり、インターネットでの購入などにもつながるでしょう。

アフターサービスや医療現場でもオノマトペが使われている

ここまで見てきた通り、パワーワードは感覚的に状態を相手に伝えるときに威力を発揮するのが最大の特徴です。そのため、広告宣伝やスポーツ、教育の分野に限らず、幅広い世界で活用が広まっています。この章の最後に、こんなパワーワードの使用法もあるという例を、2つほどご紹介しておきましょう。

まずは、家電をはじめとした家庭用器具のアフターサービスの分野です。たとえば、家電、空調機器、設備機器等の販売、エンジニアリングサービス、保守サービスの提供を行っている日立グローバルライフソリューションズ（以下、日立GLS）は、公式ホームページのお客様サポートにおいて、商品の「よくあるご質問」で、パワーワードを大変上手に使われています。「異音がしているが、大丈夫か？」というユーザーからの質問にわかりやすく答えるために、オノマトペを活用しているのです。

洗濯機を例に見てみましょう。

「ポコポコ：排水ホース内部にたまった水と空気が混ざって動いているときの音です」「ブーン：コントロール基盤が熱くなったときに冷却しているファンの音です」といった具合です。

耳慣れない音が機械からしてくると、たとえ作動していても、「故障じゃないか？」「もうすぐ壊れる前兆ではないか？」と不安になるものです。そんなとき、日立GLSのホームページのように異音のオノマトペが並んだ表などが掲載されていると、ユーザーは自宅の機器がどれに該当するのか、心配しなくても大丈夫か、パッと知ることができ、余計な不安をとり除けます。

「ジュジュ」などは、「給水中に出る音で、給水圧が高いと大きくなる場合があります。水栓（蛇口）を少ししぼって給水量を調節し、音が小さくなるかご確認ください」と、対処法もしっかり書かれています。ユーザーからも「わかりやすい」と好評を得ているようです。

もうひとつご紹介しておきたいのが、医療現場です。

医療現場でオノマトペなんて、そんなあいまいな表現が本当に役に立つのかと疑問に思われる方もいらっしゃるかもしれませんが、製薬会社のファイザーが2013年に、慢性的な「痛み」に関して日本独特の言語表現や意識などの実態を調査した報告によると、痛みを伝えるために、オノマトペが有効だという結果が出ています。

患者さんが、痛みを医師や看護師に伝える際にオノマトペを使ったことがある6780人に調査を行ったところ、8割以上の人が、「よく理解してもらえたと感じた77・1%（4881人）」「だいたい理解してもらえたと感じた73・6%（4988人）」としています。

そもそも、痛みは数値に置き換えることが難しく、本人しか感じることができないため、患者も医師も、痛みの内容を共有するのに苦労します。皆さんも腹痛や頭痛で病院を訪れたとき、医師から「どんな痛みですか？　ガンガン痛いですか、ジーンと痛いですか」などと聞かれた経験があるでしょう。オノマトペを使うことでどんな痛みか明確に伝わると、医師は診断の上で大いに参考になりますし、患者も痛みが伝わっただけでまずは気持ちがほっとし、より適切な治療へとつながっていきます。

医療現場における痛みに限らず、食感、触感、使用感など、感覚的で主観的なことは、どの分野であっても一般的な言葉では伝えきれません。パワーワードは感覚的な状態や症状などを瞬時に伝える非常に便利な言葉として、さまざまな分野で幅広く威力を発揮しているのです。

第3章

伝達力がアップする「パワーワード」の作り方

初心者でも簡単！　パワーワード作りの手順

ではいよいよ、パワーワード作りの実践編です。この章では、あなたが売りたいと思っている商品のためのパワーワード作りのポイントを、順を追って解説していきたいと思います。

パワーワード作りは、いわば料理と一緒です。素材を集め、スパイスを効かせてニュアンスを出し、アレンジして、盛り付けを決めて完成です。

はじめに流れをざっくりと紹介し、重要なポイントについては後述していきます。

ここでは、「靴ベラなどを使わずに履ける新しいタイプのシューズA」を発売するにあたり、キャッチコピーとなるパワーワードを作ると仮定してみましょう。

①言葉を選ぶ（素材集め）

まず、商品の特長や伝えたいテーマに合わせて、素材となる音を吟味して集め、並べてみます。「かきくけこ」といった清音なのか、「がぎぐげご」といった濁音なのか、「ぱぴぷぺぽ」といった半濁音なのか、しっくりくる音を考えてみましょう。

シューズAは、履きやすくて足にぴったりフィットすることが最大の特長なので、「す」「する」「しゅ」「ぴた」などを素材の候補に挙げました。

②ニュアンスを作る(味付け)

使用する音にオノマトペの特徴とされる特殊拍(っ・ん・ー)や、「り」「ら」の音をつけると、ニュアンスが作れます。たとえば、「す」に「っ」をつけると「すっ」。「ん」をつけると「すん」、「ー」をつければ「すー」です。いずれもちょっとずつニュアンスの違いが感じられるでしょう。

「り」と「ら」については付けやすい音が限られていますが、たとえば「きら」に「り」を付けると「きらり」、「ら」を付けると「きらら」となり、やはりニュアンスが変わります。「!」や「?」「♪」「↗」などを付けるのも、味付けのひとつです。

いろいろ試してみて、伝えたい内容にもっともしっくりくる味付けを探し出します。シューズAでは、「する」に「り」と「！」を付けて、「するり！」、「ぴた」に「っ」と「！」を付けて「ぴたっ！」とし、簡単でスムーズに履けること、足にフィットすることを強調します。

なお、商品によっては、2つ選んだパワーワードの順番を変えることで、伝えたい特長の強さの違いを表現できます。

たとえば、パンのパワーワードに「もっちり」と「ふわふわ」を選んだ場合、「もっちり・ふわふわ」とするのか、「ふわふわ・もっちり」とするのか。基本的には最初にくるパワーワードの印象のほうが強いので、どちらを強調したいのかで、決めるとよいでしょう。

③文字種や字体を選ぶ(アレンジ)

次に、選んだパワーワードを表現する文字種を選びます。ひらがな・カタカナ・アルファベットのどの文字種で表記し、明朝系やゴシック系など、どんな字体にするかを決めるのです。さまざまな組み合わせがあるので、いろいろ試して、もっともしっくりくるようにアレンジしてみてください。

私は、ひらがなとカタカナを組み合わせて、「するり！ピタッ！」を選んでみました。字体については第4章で後述するので、そちらを参考にしてみてください。

④文字の色と並べ方を決める（盛り付け）

パワーワードが決まったところで、最後に表記する色と文字の並べ方を考えます。言うまでもなく、色と並べ方で印象は大きく変わります。

このあたりはプロのデザイナーに頼むケースも多いと思いますが、発注者として基本のコツを頭に入れておくと、より素晴らしいパワーワードに仕上げるのに必ず役立ちます。

文字の並べ方に関しては、商品の特長に応じて、右肩上がりに大きくする、丸く並べる、1文字ずつ大小差をつけるなど、工夫次第でいろいろなパターンが考えられます。これは商品の特長によるので、特に必要がなければ、無理に凝った並べ方を考える必要はないでしょう。
色と並べ方の詳細は、第4章で改めてふれます。

単音そのものが特定の印象を喚起する
――言葉を選ぶ①

商品によっては、すでにある馴染み深いオノマトペを選ぶのではなく、新しいワードを作り出すケースもあり得ます。そんなときに知っておいていただきたいのが、私たち日本人は、「あ」「か」「さ」といった日本語の単音に抱くイメージが、ある程度共通しているという事実です。

早稲田大学の磯中佑樹氏（２０１４）が報告した「日本語単音節の音色が人に与える印象」の研究によると、被験者に日本語単音68の単音（きゃ・きゅ・きょなどの拗《よう》音《おん》は除く）を音声呈示し、20の形容詞のどの印象が強いか聞いたところ、次ページの表のような結果が出たとあります。

たとえば、「鋭い」をイメージさせる単音は〝き〟〝つ〟〝か〟、同様に「鈍い」は〝も〟〝ど〟〝ん〟。「明るい」は〝ぱ〟〝ら〟〝ぴ〟、「暗い」は〝ど〟〝ぞ〟〝ご〟、とい

単音のイメージ：形容詞別の印象値が上位の音

形容詞	鋭い	鈍い	細い	太い	尖った	丸みのある	軽い	重い	派手な	地味な	固い	柔らかい	明るい	暗い	滑らか	ざらざらした	綺麗な	汚い	澄んだ	濁った
1	き	も	し	も	き	も	ぽ	ど	ぱ	ぬ	か	ゆ	ぱ	ど	な	ざ	ら	げ	し	ご
2	つ	ど	す	ど	け	の	し	ご	ぴ	ろ	が	ね	ら	ぞ	の	ぜ	り	ぜ	せ	ぞ
3	か	ん	き	ご	か	ま	ぱ	だ	ぽ	の	ご	ん	ぴ	ご	め	じ	ぽ	ぐ	そ	げ

参考文献：磯中佑樹、“日本語単音節の音色が人に与える印象”2014

った具合です。

どうでしょう。確かに皆さんも、なんとなくそんな印象を持っていると感じたのではないでしょうか。

この結果は、本来、「て（手）」のように1音で意味を持つ言葉を除き、従来意味を持たないとされた単音が特定の印象を伝えられる可能性を持っていることを示唆しています。先述した隈研吾教授や、湖池屋社長の佐藤章氏などは、たぶん音にこうした印象の違いがあることを、感覚的にわかっていらっしゃったのだと思います。

ではこれから、辞書にはないオンリーワ

ンのオノマトペを作ってみましょう。これは、キッコーマンさんをはじめとした企業研修で私が実際にやっているものです。表を参考に、次の3つにふさわしいと思うオノマトペを、それぞれ2つずつ作ってみましょう。

①丸みのあるかわいいキャラクター
「　　」「　　」
②明るく元気な様子
「　　」「　　」
③軽く柔らかい様子
「　　」「　　」

いかがでしょう。できましたか？　ちなみに私の案は次の通りです。

①丸みのあるかわいいキャラクター

「ものもの」「のまのま」

②明るく元気な様子

「ぴぽぴぽ」「らぴらぴ」

③軽く柔らかい様子

「ぽゆぽゆ」「ゆぱゆぱ」

単音にはもともと意味はないはずですが、こうして並べてみると確かに、「ものもの」は丸みのあるかわいいキャラクターが、「ぴぽぴぽ」も「らぴらぴ」も明るく元気な様子が浮かんでくるのではないでしょうか。少なくとも、重苦しい様子は浮かばないはずです。

このように、新しいパワーワードを作るときは、104ページの表の結果を参考に、伝えたい商品の印象や様子を言葉にしてみてください。斬新でインパクトの強い、それでいて直感的に特長が伝わるパワーワードができる可能性がぐっと上がります。

ちなみに、「鋭い」イメージの強い〝き〟に、「鈍い」イメージが強い〝ど〟をつなげた「きど」という言葉を作ったとしたら、これは鋭い・鈍いどちらのイメージが強くなると思いますか。「連音節が与える印象評価の分析」（藤野良孝、佐々木雄一、匂坂芳典）という、2017年に発表した私たちの調査では、最初の音の印象が強く影響するという結果が出ました。つまり、「きど」であれば、最初の〝き〟のイメージが強く働きます。同様に、「暗い」イメージの強い〝ご〟に、明るいイメージの強い「ぴ」を付けて「ごぴ」にしたら、暗いイメージのほうが強くなるということです。新語を作るときは参考にしてみてください。

なお、若者はこうした感覚に長けていると考えられます。「ぴえん」や「ぱおん」といった造語的なオノマトペは若者発信のケースが多いのです。

もちろん、CMなどでも新しいオノマトペがどんどん作られていて、一度バズると相当な威力を持って世の中に広まります。1年ほどで消えてしまうオノマトペも少なくないのですが、瞬間的には大変な影響力を発揮します。

新語であれば、マンネリ化したフレーズではなく、より独創的なフレーズが作れる可能性も高まるので、ぜひトライしてみてください。

印象がガラッと変わる、清音と濁音の使い方
――言葉を選ぶ②

パワーワードを選んだり作ったりする際の一番最初のポイントが、静音でいくのか、濁音にするのか、です。

ご存じの通り、「かきくけこ」「さしすせそ」「たちつてと」などが清音、「がぎぐげご」「ざじずぜぞ」「だぢづでど」などが濁音です。

先に挙げた清音は、声帯の振動がない無声音であり、濁音は声帯の振動がある有声音です。実際、喉に指をあてて、「さささpremises」と声に出してみてください。指に振動は伝わってこないはずです。続いて「ざざざざ」と言ってみると、振動が伝わってきて、喉が振動しているのがわかるでしょう。

オノマトペ研究で有名な田守育啓先生は、著書『オノマトペ擬音・擬態語を楽しむ』で、「清音や半濁音（無声音）よりも濁音（有声音）のオノマトペは、強く、大

どちらがコロコロ?ゴロゴロ?

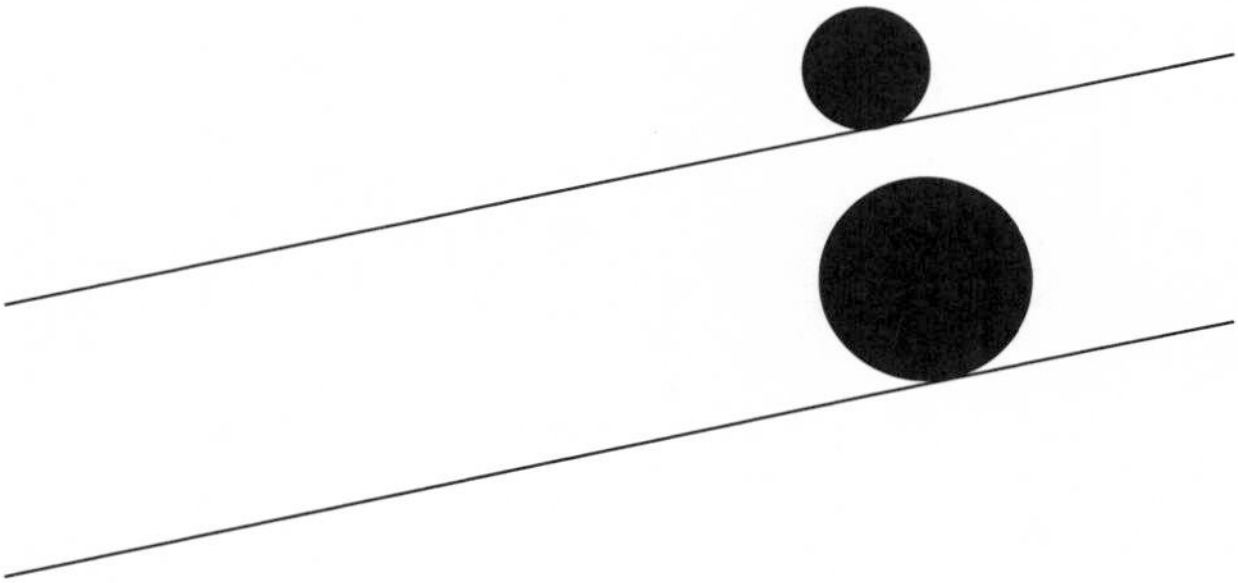

きい（汚い）イメージがある」と述べています。

上の図をご覧ください。これは、オノマトペ研究のアイコン的な図ですが、この図にオノマトペをつけるとしたら、どちらに「コロコロ」「ゴロゴロ」をつけるでしょうか。おそらくほとんどの人が、上が「コロコロ」で下が「ゴロゴロ」と答えるはずです。まさに、田守先生の指摘されている通りです。

これは「コロコロ」に限りません。たとえば「とんとん叩く・どんどん叩く」。「どんどん叩く」のほうが、強く激しい印象があるでしょう。「汗がたらたら流れる・汗がだらだら流れる」「雨がサーッと降っている・雨がザーッと降っている」なども同様でしょう。

大きくて重いこと、力が強いことを強調したいパワーワードを作るなら、清音よりも濁音を選んだほうが、ぴったりくるものが生まれやすいはずです。

濁音のパワーワードを使ったことで大成功したのが、赤城乳業「ガリガリ君」でしょう。「ガリガリ」は、一見、食品のパワーワードにはおよそ合わないイメージです。しかし、硬くて噛み応えがあることがこの氷菓の最大の特長と考えると、「カリカリ」よりもさらに硬い物を噛み砕いているイメージを彷彿とさせる「ガリガリ」がぴったりです。「カリカリ」では音が軽すぎて、バー状の氷菓を豪快に噛み砕く爽快感を表現しきれません。

また、「ガリガリ」というパワーワードに「君」を付けて擬人化したことで親しみやすさが増したこと、キャラクターイラストと「ガリガリ君」というネーミングがぴったりだったこと、「ガーリガーリ君、ガーリガーリ君」というＣＭの印象的な繰り返しが記憶に残りやすかったことも、「ガリガリ君」が成功した要因でしょう。まさに、パワーワード事例のお手本のような商品名だと思います。

また、86ページで紹介した「ドロリッチ」も、濁音で成功した一例です。「どろり」は「とろり」に比べると、粘り気の強さが強調されます。「トロリッチ」では、語感もいまひとつですし、どろどろとした粘り気を表現するには弱すぎます。「泥」を思わせるネガティブな響きだからこそのインパクトも、商品をヒットに導いた一因だと思います。

もうひとつ、清音と濁音の印象の違いがよくわかる比較例を紹介しておきましょう。商品は、ご飯にかけて食べるふりかけの一種で、Aがキッコーマン「サクサクしょうゆ」、Bが理研ビタミン「ザクザクわかめ」です。

どちらも商品としては比較的似ているのですが、「サクサクしょうゆ」のほうは、具が小さめで軽い食べ心地を連想させるのに対して、「ザクザクわかめ」のほうは、具が大きめでしっかりした歯ごたえを連想させるでしょう。

これらがスーパーに並んでいたら、具の違いで選ぶ人もいるとは思いますが、口当たりの軽いサクサク食感が好きな人は「サクサクしょうゆ」、噛み応えのあるザクザク食感が好きな人は「ザクザクわかめ」を選ぶでしょう。最終的に選ぶのは消費者ですが、売り手としては、その商品の特長をパワーワードを使って明確にしておくことが、リピーターをつかむ上でも非常に重要だと思います。

明るい半濁音で、相手の心をわしづかみにする
――言葉を選ぶ③

次にご紹介するのが、半濁音「ぱ・ぴ・ぷ・ぺ・ぽ」を使って、明るく楽しい印象を強調する方法です。

半濁音といってまず思い浮かぶのが、世界中でバズったピコ太郎（古坂大魔王）氏の、「ペンパイナッポー・アッポー・ペン」。これはオノマトペではありませんが、そもそもの言葉の意味とはほぼ関係なく、世界中の人々が口ずさみたくなる一種の囃子《はやし》言葉に変化しました。このフレーズには、半濁音がたくさん含まれており、半濁音の人をひきつけるパワーがどれほど強いかがわかるでしょう。

囃子言葉といえば、アニメ「ちびまる子ちゃん」の主題歌ＢＢクイーンズの「踊るポンポコリン」は日本中誰もが知っている大ヒット曲ですが、こちらはタイトルには「ポンポコリン」、歌詞にも「ピーヒャラピーヒャラ、パッパパラパー」と、半濁音が

入ったオノマトペだらけの歌です。これもまた、理屈抜きに、思わず口ずさみたくなる親しみやすさに溢れていたといえます。

このように、半濁音の明るさや親しみやすさは絶大で、なぜか口に出してみたくなる圧倒的な魅力をパワーワードにプラスすることができます。

ちなみにジョージ・ワシントン大学の浜野祥子教授は『日本語のオノマトペ　音象徴と構造』という著書において、半濁音のイメージを、次のように報告しています。

ぱ：広く軽妙
ぴ：かわいくて楽しさ
ぷ：かわいらしい滑稽さ
ぺ：汚く嫌悪感
ぽ：内から火のでるような性状

半濁音を商品名にして成功した一例に、ＳＥＧＡのゲーム「ぷよぷよ」シリーズがあります。ぷよぷよが発表されたのは1991年。シンプルなゲームがわかりやすい名前とマッチしており、何より、ゲームに登場するキャラクターがどう見ても「ぷよぷよ」そのものです。ぷよぷよは大ヒットし、その後も数々のシリーズが発売され、初登場から30年以上経過した現在も愛され続けている長寿ゲームに成長しました。

半濁音でふれないわけにはいかないのが、製菓企業大手グリコの商品名の数々です。「プリッツ」「ポッキー」「プッチンプリン」、いずれも半濁音を含み、長年にわたり売れ続けているロングセラー商品です。実際グリコさんは、「パ行のパピプペポは、発音が歯切れも良く、明るいイメージがあるため、当社では多くの商品に使われています」と公式に表明しています。

CMやキャッチコピーに半濁音が使われ人々の記憶に刻まれた有名な例が、小学館の児童学術雑誌「小学一年生」の「ピッカピカの一年生」でしょう。入学したての元気で希望に満ちた明るく楽しい小学一年生をイメージさせる見事なパワーワードでした。当時は、小学生の多くが口ずさんでおり、その様子を見た親御さんたちも、この雑誌を我が子に買ってあげようと思ったことでしょう。「小学一年生」という商品の認知度やイメージを引き上げ、購買意欲も刺激したことは間違いありません。

このCMは1978年にはじまり、十数年放送されていました。しかし、ここまで人の記憶に残ったCMは、「ダダン」や「スコーン」同様、復活する傾向にあり、「ピッカピカの一年生」も同様でした。令和に入った2019年に新CMとしてリバイバルされ、こちらも「懐かしい」と話題になりました。

また、明るくかわいらしいイメージの半濁音は、子ども向けの商品やキャラクターにも多く含まれています。「ポケモン」「アンパンマン」「プリキュア」など、挙げればきりがありません。子ども向け商品をはじめ、明るさやかわいらしさなどのイメージを強調したい商品には、半濁音をパワーワードに活用するのがひとつの王道だと思います。

語末にひと工夫して、スパイスを効かせる——ニュアンスを作る

オノマトペは語末等をひと工夫することで、味わいが変わり、伝えたいニュアンスをよりはっきり出せるようになります。

具体的な方法は、選んだパワーワードの語末等に、特殊拍、または「り」「ら」の音韻を組み合わせるのです。特殊拍とは、促音《そくおん》「っ」、撥音《はつおん》「ん」、長音《ちょうおん》「ー」の3つです。

たとえば促音なら「ほかっ」「ほっか」「こりっ」「ぱっ」、撥音では「ぱたん」「ごとん」「がたん」、長音では「だらー」「だーらー」「だーら」「たーん」「ぽー」などです。「り」と「ら」の例では、「きらり」「きらら」「さらり」「さらら」などがあります。

促音と長音に関しては、パワーワードの中のどこに入れるのか、いくつ入れるのか

によっても、ニュアンスが微妙に変わります。

では、それぞれ、どんなニュアンスの違いが出せるのか、「もちもち」の「もち」というパワーワードを例に挙げてみましょう（小野正弘編「擬音語・擬態語4500日本語オノマトペ辞典」2007の解説をもとに作成）。

「っ」が語末の「もちっ」↓ねばりけに瞬間的な区切りがつく感じがある。
「ん」が語末の「もちん」↓ねばりけの残存・余韻が残る感じがある。
「ー」が語末の「もちー」↓ねばりけがしばらく続いている。
「り」が語末の「もっちり」↓ねばりけがひとまとまりとなっている。

食感以外の、他のオノマトペの例も挙げてみましょう。

「っ」が語末の「ふわっ」↓浮き上がる動作に瞬間的な区切りがつく感じがある。
「ん」が語末の「ふわん」↓浮き上がった動作の残存・余韻が残る感じがある。

「ー」が語末の「ふわー」→浮き上がった動作がしばらく続いている。
「り」が語末の「ふわり」→浮き上がった動作がひとまとまりとなっている。

「ら」を語末に付加したオノマトペは少ないのですが、「きらら」や「ゆらら」のように、緩やかに続くようなニュアンスが付けられます。

では、ウインナーを例に、次のキャッチコピーで改めてニュアンスの違いを実感してみてください。

①「このウインナー、外はパリ！　中はジュワ！」
②「このウインナー、外はパリッ！　中はジュワッ！」
③「このウインナー、外はパリン！　中はジュワン！」
④「このウインナー、外はパリリ！　中はジュワー！」

いかがでしょうか。皮のパリパリ感は、②と④が特に強く、③は噛み切った瞬間をイメージさせると思います。中のジューシー感は、②が嚙み切った瞬間に肉汁が一気にあふれるイメージが強く、③と④は、嚙み切ったときの肉汁の多さを感じさせます。実際にウインナーを売るとき、その商品の皮の様子や味わい、売りにしたい食感などをよくよく検討して、パワーワードの味付けを選んでください。

食感以外では、ヘアコンディショナーの例を挙げておきましょう。

①「さらさらと馴染んで、毛先までとぅるり」
②「さらさらっと馴染んで、毛先までとぅるりっ」
③「さらさらんと馴染んで、毛先までとぅるりん」
④「さらさらりと馴染んで、毛先までとぅるりー」

直感的に、さらさら感は促音を使った②が一番感じられるでしょう。毛先まで潤っている感じはどれも大差ありませんが、「とぅるり」に促音を付けた②は爽やかさ、

「撥音」を付けた③はかわいらしさがプラスされていると思います。

皆さんも、商品の売りを自分で何度も実感してみて、パワーワードの味付けに生かしてください。いろいろ試してみると、「これだ!」というパワーワードが見つかるはずです。

音の組み合わせパターンでインパクトを残す

商品を引き立てる効果的なパワーワードは、1つとは限りません。2つ、もしくは3つのパワーワードを組み合わせて、1つの強力なパワーワードを作り上げている例があります。

世界的に有名な超人気キャラクター、「ピカチュウ」もそうです。言うまでもなく、稲光の「ピカッ」とねずみの鳴き声「ちゅう」を合わせて作った、絶妙なネーミングと言えるでしょう。

食品関連で、2つ以上のパワーワードを組み合わせた代表的な例が、オムライスなどによく使われる「ふわとろ」です。文字通り、卵がふわっとしていて、とろっとしている。ぜひとも伝えたい魅力的な特長を2つ重ねることで、いっそうそのオムライスがおいしそうに感じられます。

グリコ「クリームコロン〈いちご〉」は、パッケージに大きく「パリふわ」と書かれています。公式ホームページの商品説明も、「パリッと食感のよいワッフルで、ふわっと軽い甘さのいちごクリームをくるっと巻きました。食感と味わいがクセになる～」と書かれています。「パリ」と「ふわ」という、まったく異質の食感を組み合わせることで意外性が高まり、商品の魅力がより際立っています。

ヘアケア用品でよく見られる組み合わせパターンが、「ふわサラ」「サラふわ」でしょう。ふんわりしているのとサラサラしているのは、かなり異なる質感ですが、異質な2つを組み合わせることで、ふんわりもサラサラもどちらも叶うのかと、消費者を引きつけます。

ちなみに「ふわサラ」「ふわさら」は、衣類や布製品などでもよく使われる組み合わせです。心地よい触感をイメージさせるパワーワードで、さまざまな商品に活用されています。

反対に、同質のパワーワードを重ねるやり方もあります。たとえば、「もちもち、むっちり」。もちもち食感のスイーツなどで使用すれば、「もちもち」が一層強調され、

「半端ないもちもち感なんだ！」と、消費者の期待をあおるでしょう。

同様に、メンソール系のヘアトニックなどで「スースー、シャキーン」とあれば、超メンソール感の商品として、消費者に認識されると思います。

第4章

発信力を高める6つの切り口

対象別にひらがなとカタカナを使い分ける

第3章では、パワーワードの作り方の基本を順を追って解説してきました。この章では、さらにパワーワードの発信力をぐぐっと高める6つのポイントをご紹介したいと思います。

パワーワードは決まったものの、最初に悩むのが、表記をひらがなにするか、カタカナにするかでしょう。この選択は意外と簡単です。ソフトで優しい印象を与えたい場合はひらがな、ハードで切れがある印象を与えたい場合はカタカナを使うのがセオリーです。

たとえば、整髪料のキャッチコピーで考えてみましょう。次のどちらの表記がふさわしいと感じますか?

①ウェーブふんわり、毛先までしっとり
②ウェーブフンワリ、毛先までシットリ

圧倒的にひらがなで書かれた①のほうが、ふんわり感もしっとり感も伝わるし、しっくりくるでしょう。

次に、家庭用金庫のキャッチコピーで考えてみましょう。次のどちらの表記がふさわしいと感じますか？

①がんがん叩かれても大丈夫！　大切なものをがっちりキープ
②ガンガン叩かれても大丈夫！　大切なものをガッチリキープ

いかがでしょう。こちらは②のほうが硬くて頑丈なイメージが出ると思います。「がんがん叩かれても」だと、それほど強く叩かれている感じがしないでしょう。「がっちりキープ」より「ガッチリキープ」のほうが、しっかり護られている印象が強いと思います。

次に、実際の商品の例を見てみましょう。こちらは亀田製菓の「おばあちゃんのぽたぽた焼き」というせんべいです。甘じょっぱい砂糖醤油蜜をつけて焼き上げたもので、同社ホームページによると、「おいしさのひみつ1」として、「おばあちゃん特製の　じっくりあたためてとろみをつけたさとうじょうゆ蜜を　おせんべいにぽたぽたしています」とあります。

①「おばあちゃんのぽたぽた焼き」
②「おばあちゃんのポタポタ焼き」

どちらがしっくりくるかは、改めて言うまでもないでしょう。この場合、「ぽたぽた」というパワーワードは、せんべいの食感とは直接関係ありません。先にふれた通り、さとうじょうゆ蜜の質感と、それを刷毛などでつけているイメージを表現しています。ひらがなにすることで、蜜のとろみ感と、キャラクターである日本のおばあちゃんのやさしいイメージが消費者にしっかり伝わります。「ポタポタ」とカタカナ表記にしてしまうと、日本のおばあちゃんのやさしさととろみ感が、どうしても減少してしまいます。

もう一例が、森永製菓「パリパリバー」です。アイスミルクのバーの中に、薄い層状のチョコがしましま模様になって入っている人気商品です。

①「ぱりぱりチョコとミルクバニラの重なるおいしさ　ぱりぱりバー」
②「パリパリチョコとミルクバニラの重なるおいしさ　パリパリバー」

やはり、②のカタカナ表記のほうがしっくりくるのは、明らかです。「ぱりぱり」とひらがな表記にしてしまうとハード感が足りず、ソフトな印象になってしまいます。「パリパリバー」と「ぱりぱりバー」。ちょっとした違いかもしれませんが、この微妙な差が商品のイメージと売上を大きく左右するのです。

アルファベット表記や漢字表記で、プレミア感を出す

パワーワードは、ひらがな、カタカナ以外にも、アルファベット表記という選択もあり得ます。ひらがな・カタカナに比べると、視認性はやや落ちますが、西洋らしいおしゃれ感やかっこ良さ、スタイリッシュさ、力強さなどが表現できます。

たとえば、東芝ライフスタイルの洗濯機ブランド「ZABOON」。力強い洗浄力を思わせる波のオノマトペをパワーワードにしたブランド名です。

①「ZABOON」
②「ザブーン」
③「ざぶーん」

③は力強い洗浄感がまったく表現できていません。②は悪くはないと思いますが、やはり①のほうが、洗練されていますし、力強さ、迫力が感じられます。

食品では、東洋水産の即席めん「マルちゃんZUBAAAN！」があります。同社のホームページによると、そのネーミングについて、「食べた瞬間脳と心に『ZUBAAAN！』と響き渡るうまさの衝撃を、印象的な擬音で表現」とあります。

①「ZUBAAAN！」
②「ズバーン！」
③「ずばーん！」

やはりひらがなで書かれた③では、〝響き渡るうまさの衝撃〟を表現できません。②はややインパクトに欠けるでしょう。

それに比べて①は「A」を3つ重ねることで、ひらがなやカタカナでは表現しきれなかった衝撃度が強調されています。かつ、アメコミの「ＢＯＭＢ！」のようなコミカルでワイルドな味わいもプラスされ、商品の個性を際立たせています。

何度かとりあげた江崎グリコ「Drorich」も、アルファベット表記にすることで、「ドロ」というネガティブな音を使いながらも西洋のおしゃれ感を演出することに成功した一例です。

なお、ファッションブランド名などは、「Comme《コム》 des《デ》 Garçons《ギャルソン》」のように、多くがアルファベット表記となっています。世界を相手にしているブランドがアルファベット表記なのは当然かもしれませんが、国内だけで勝負しているブランドでもアルファベット表記が圧倒的に多いです。それはやはり、日本人の中には、アルファベット＝西洋的なものに対して、スタイリッシュさやかっこ良さを感じる感覚があるからでしょう。

また、数はそれほど多くはありませんが、漢字表記がしっくりくるケースもあります。漢字を使うと、高級感や大人向け、和のイメージを高めることができます。

たとえば、「ゆったりしているさま」を表すオノマトペ「ゆうゆう」。スパなどのリラックス施設の名称などに使いやすいパワーワードです。

①リラックススパ・ゆうゆう

②リラックススパ・悠々

いかがでしょうか。どちらも、ゆったりした場所だという感じは伝わってきますが、①は気楽で親しみやすいイメージ、②は少し高級感がプラスされ、大人向けの空間であるイメージが強くなります。

ちなみに、「Relax SPA・悠々」とすると、さらに高級感が高まり、洗練さも出てくるでしょう。

漢字表記の例としては、ほかに、「飄々《ひょうひょう》」、「淡々《たんたん》」、「凛凛《りんりん》」などが考えられます。和のテイストが売りの飲食店名や商品名、大人向けの商品、高級感を出したいときなどは、パワーワードに漢字を使ってみるのも面白いと思います。

このように、ひらがな・カタカナ表記に比べると、アルファベット表記と漢字表記は読みやすさや親しみやすさは落ちるものの、一種のプレミア感を醸し出すことができます。商品の特性に応じて使ってみてください。

明朝、ゴシック…字体の変更で印象をガラリと変える

文字種が決まったら、次に字体を決めます。

日本語の場合、もっともポピュラーな字体が、明朝体系とゴシック体系で、一般的な印刷物等では明朝体系が使われることが多いです。

同じ言葉や文章であっても、明朝体にするかゴシック体にするかで、人に与える印象は大きく異なります。ざっくり言うと、明朝体は上品で大人っぽい印象、ゴシック体は元気で若々しい印象があります。ゴシック系の中には、角ゴシックと丸ゴシックがあり、丸みのある丸ゴシックは、特に子どもに好かれる字体として知られています。

ではここで、次ページをご覧ください。これは森永乳業のカップアイス「ＭＯＷ」です。見たことがある方も少なくないと思いますが、商品名の字体が全く異なります。どちらが本物のＭＯＷだと思いますか。

正解は、実は両方です。

左の字体は、２００３年の発売開始から２０１４年までのもので、右の字体は２０１５年以降、現代まで使われている字体なのです。

　同社のホームページによると、ＭＯＷは「手作りのような心に染み込むアイスを届けたい」そんな想いから生まれたそうです。毎日でも子どもに食べさせられる安心感があり、乳のコクやソフトクリームのようななめらかさが感じられるアイスを目指して作られたとのこと。当時の商品名の表記は、丸ゴシック系に近い、ふっくらとした太めの字体になっていました。確かに、子どもに好かれそうな親しみやすさがあり、ソフトクリームのようなふっくら感のある字体です。

では、なぜ、ＭＯＷの字体は左の丸みのある字体から、右のすっきりした字体に変わったのでしょう。

実は、発売以来２００９年頃までは好調な売上をキープしていたＭＯＷでしたが、徐々に売上は低下し、２０１５年まで、低迷状態が続いていたそうです。

そこで、ＭＯＷは大幅なリニューアルを行いました。発売当時と異なり、アイスが子どもだけでなく幅広い層に楽しまれるようになっていたことから、大人らしさを前面に押し出したロゴ・デザインにパッケージを一新。味においても、高級感のあるバニラの味を追求し、バニラとミルクのバランスを調整したのです。

その結果、２０１５年には見事に売上が回復し、現在に至るまで、幅広い層に支持されるカップアイスとして人々に愛され続けています。

ＭＯＷは、アイスクリームという商品の位置づけが、「子ども向け」から「子どもから大人まで」に広がった時代の変化を読み、それに合わせて商品名の字体を変更し、売上アップを実現しました。

ＭＯＷは商品名そのものですが、皆さんもパワーワードを作るとき、商品のコンセプトやターゲットに合わせて、しっくりくる字体を選び取ってみてください。

食欲が出た！潜在意識に働きかける色彩心理学の活用

パワーワードの文字そのものと同じぐらい強いパワーを持っているのが、実は色です。色はあくまでもデザインの一部に過ぎないと思っている方もいるかもしれませんが、色が人の意識に与える影響は想像以上に大きなものです。

たとえば、「ふんわり・上掛けふとん」というキャッチコピーがあったとします。これが初夏の時期に青字で書かれていたら、消費者は「ふんわり軽い、涼しい上掛けなんだな」と感じるでしょう。一方、秋の時期に橙で書かれていたら、「ふんわりしていて温かい上掛けなんだな」と感じるはずです。商品もパワーワードも同じでも、文字の色を変えただけで、消費者が受けるイメージは大きく変わるのです。

ですから、パワーワードの色を決めるときは、消費者にイメージしてほしい場面に適した色を選ぶことが重要です。ここがうまくいくと、その商品を使用しているシーンが瞬間的に消費者の頭に浮かび、購買意欲を高めることができます。

そもそも色は、視覚的な刺激により人の潜在意識に働きかけ、感情を動かすパワーを持っていることが研究レベルでわかっています。

今から60年前の１９６４年、一般財団法人日本色彩研究所は、「ＰＣＣＳ(Practical Color Co-ordinate System：日本色研配色体系)」という色相環を開発しました。色には無意識的に、人の心に働きかけ、配色によって、温かい、冷たい、明るい、暗いなどの印象を与える力があるとして、これを整理して図にしたのです。日本では、広くファッションやデザイン業界などで参考にされています。

そこで、この色相環のセオリーを前提に置きつつ、色彩から思い浮かぶイメージをわかりやすく整理してみたのが次ページの表です。

たとえば赤は「情熱的、元気」「太陽、火」など。緑は「癒し、安らぎ」「自然、森林」など。灰色は「都会のイメージ、雲、煙」などなど……。

少し例を挙げただけですが、どの色のイメージも、皆さん〝確かに！〟と納得いただけるのではないでしょうか。

パワーワードに色をつける
色彩から思い浮かぶイメージ

色	思い浮かぶイメージ
赤	情熱的、元気、興奮、強いエネルギー、太陽、火
青	爽やか、冷静、涼しい、開放、空、海
黄	明るい、暖かい、陽気、派手な、光、太陽
橙	楽しい、家庭的、おいしそう、暖かい、炎、暖炉
緑	癒し、安らぎ、健康、若さ、自然、森林
紫	神秘、高、気品、癒し、あやしげ、ひかえめ
ピンク	かわいらしい、優しい、柔らかい、幸せな、恋・愛、春
茶	安定、地味、温かい、伝統・歴史、土、チョコレート
灰色	都会のイメージ、信頼感、控えめ、あいまい、雲、煙
黒	おしゃれな、都会的な、強さ、落ち着き、恐怖、夜、死
白	清潔、純粋・無垢、ソフトな、りりしい、冷たい、冬

引用・参考文献:上記の表は、FLAMINGO STUDIO(編)
『オノマトペでピンとくる!ひらめき配色図鑑(2022)』
(東京書籍)および鈴木千恵子『色の好き・きらい(2005)』
(誠文堂新光社)の色がもたらすイメージをもとに内容を整理した。

では、事例として上の広告をご覧ください。

モスバーガーの2023年秋限定メニューだった「月見フォカッチャ」の広告で、「もちっ」「パリッ」「とろっ」と実に食欲をそそるパワーワードが並んでいます。

実際の広告はもちろんカラー写真で、「もちっ」「パリッ」の色は橙系で、「とろっ」は卵の黄身を思わせる黄色です。表を見てみると、橙には、ズバリ「おいしそう」のイメージがあり、黄は「明るい、暖かい、陽気、派手な」などのイメージがあります。実際、このパワーワードの並びは、とてもおいしそうな上に、消費者の目を引く仕上がりになっていると思います。

もしこれが、普通の黒文字、青、灰色などで描かれていたら、このようにおいしそうに、楽し気に目を引く広告として成立し得たでしょうか。おいしそうなフォカッチャの印象は半減していたはずです。

また、いくら橙に「おいしそう」というイメージがあるからといって、「もちっ」「パリッ」「とろっ」がすべて同じ橙だったら、インパクトは半減し、3つのパワーワードは見る人の頭にあまり残らないでしょう。その点、この広告は微妙に橙系のトーンを変えているところがすごく上手だなと感じました。「パリッ」だけカタカナにしてあるところも見事です。

食品以外の例も挙げておきましょう。

たとえば紳士用スーツの広告で、「たまにはグレーでビシッと決める」というキャッチコピーがあったとしましょう。

消費者にイメージさせたいのは、清潔感にあふれ、落ち着きのあるサラリーマンが、都会的な環境で颯爽とスーツを着こなしている情景でしょう。

そこで、表を見てみると、灰色に「都会のイメージ、信頼感」、黒に「おしゃれな、都会的な、強さ、落ち着き」、白に「清潔、りりしい」などとあります。

こうした色のパワーでパワーワードの威力を強化すべく、私だったら文字を黒や灰色にするか、黒バックで白抜き文字にすることを選ぶでしょう。

このように、パワーワードに色をつけるときは、表現したいイメージに近いカラーを表から選んでみてください。色選びがうまくいけば、消費者は色という視覚刺激により潜在意識が刺激され、思わず、「使ってみたい」「食べてみたい」「買ってみたい」という気持ちになるはずです。

見る気を満々にする文字の配列の工夫

印刷物や配信動画などにパワーワードを入れるとき、最後の仕上げになるのが、文字の配置です。いろいろ知恵を絞って良いパワーワードを思いついても、しっかり目に留めてもらわないことには意味がありません。

これまで文字種や字体、色などの選び方で、目に留まるテクニックをいろいろお伝えしてきましたが、最後に、消費者の見る気を満々にする、文字の配列にふれておきたいと思います。

一般的には、パワーワードを普通に横書きや縦書きにそのまま並べて使うことも少なくないと思います。まずは、人の視線の傾向を押さえて、誘導的にパワーワードや商品名を読ませましょう。

次ページの図をご覧ください。

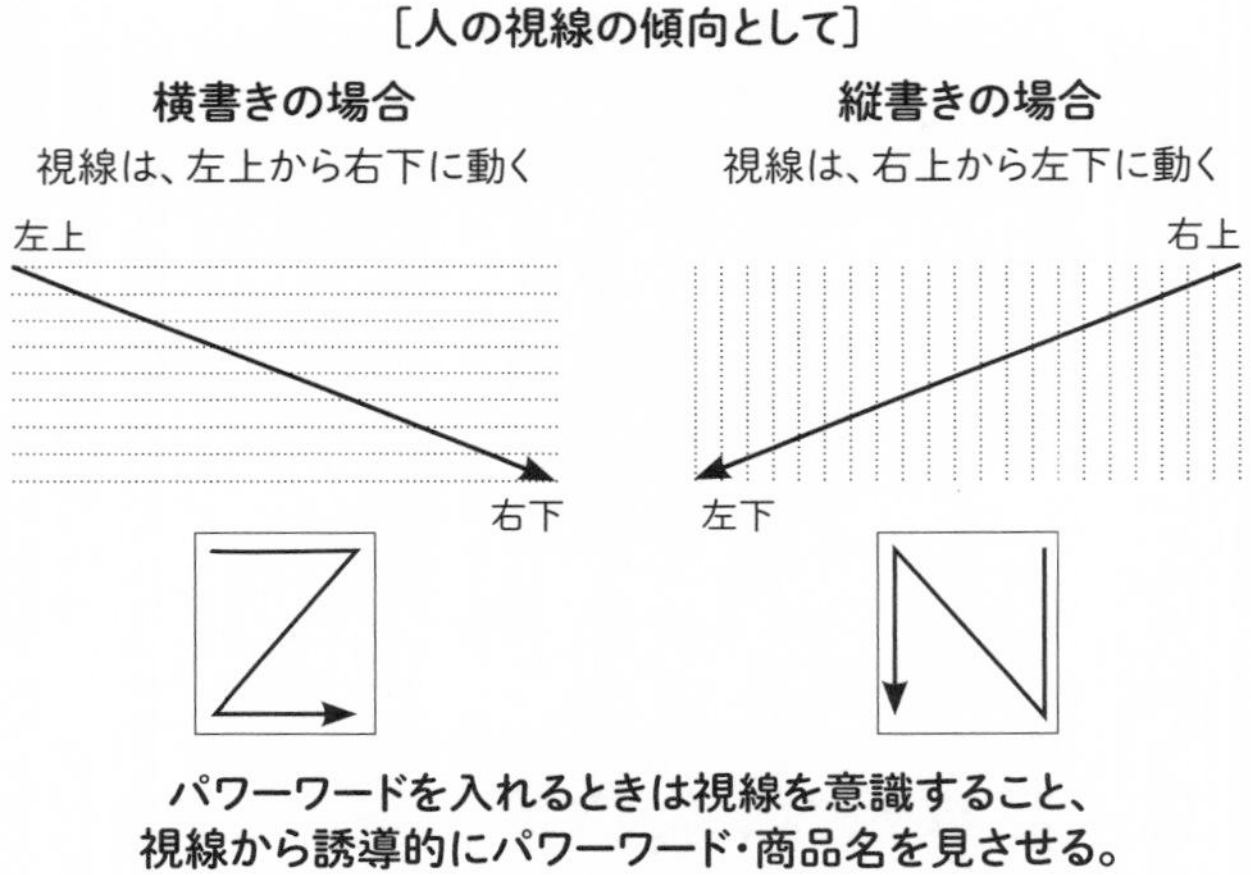
［人の視線の傾向として］
横書きの場合
視線は、左上から右下に動く
左上
右下
縦書きの場合
視線は、右上から左下に動く
右上
左下
パワーワードを入れるときは視線を意識すること、
視線から誘導的にパワーワード・商品名を見させる。

縦書きの場合：視線は右上から左下に向かって動く。
横書きの場合：視線は左上から右下に向かって動く。

最低限、これを踏まえて、パワーワードを入れましょう。つまり、たとえば横書きの場合、最初に伝えたいパワーワードは左上に、最後に伝えたいパワーワードを右下に配置します。広告の際、多くの商品名が右下に配置されているのは、このセオリーが関係しています。

パワーワードの配置に、特にひと工夫し

てみてほしいのが、スポーツ用品やバイクなど、特に動きのある場面をイメージさせる商品の広告の場合です。パワーワードを漫画の書き文字のようにだんだん大きくしたり、大小取り混ぜてバラバラにしたり、踊っているように円を描いてみたりすることで、パワーがググッとアップするケースが少なくありません。

たとえば、ランニングシューズの広告で、「シュタタタタッ！」というパワーワードを、走る人の写真とともに、その人物のシューズのところから右斜め上に向かって少しずつ大きく入れてみる。見た人の頭の中には、そのシューズを履いた人が走っていて、加速していく場面がイメージされるでしょう。

ぬいぐるみやちょっとしたアクセサリーなど、実際には動きのない商品の広告であっても、たとえばパワーワードを円形やウェーブ状に並べてみるのも一案です。それを使っている楽しさやワクワク感を倍増させることができるでしょう。まさに、文字が踊り出すのです。

ほかにも、その商品の使用状況や思い浮かべてほしいイメージ次第ですが、だんだん小さくしてみたり、らせん状に並べてみたり、並べ方の工夫次第でパワーワードの効果が格段に高まるケースがあります。

これは頭で考えているだけではなかなか難しいので、いろいろな並べ方を実際に試してみることをおすすめします。ピタッとはまる並べ方が見つかると、添えてある写真やイラストがまるで動き出すように感じる瞬間があるでしょう。パワーワードによって命が吹き込まれ、そこに臨場感が広がるのです。

こうしたテクニックは、YouTubeでの動画配信や、Instagram、XといったSNSでの静止画・動画によるPRでも、大いに役立ちます。テロップ等にパワーワードを入れるからには、しっかり見る気を満々にさせるように、工夫してみてください。

なお、動画配信の場合、さらに文字に動きをつけたり、出すタイミングをアニメーション的に調節したりすることも可能です。そもそもパワーワードは、リズミカルな音声や動きと非常に相性が良いので、うまくいけばその効果は掛け算式にどんどんアップします。

耳に残る言葉の数は3つまで！

ここまで本書を読んでくださった皆さんには、パワーワードが商品の魅力を消費者に伝える上で、どれほどの威力を発揮するかおわかりいただけたかと思います。

しかし、最後に皆さんに注意してほしいことがあります。パワーワードとして使うオノマトペは、多くても3つまでにするということです。

この件については、オノマトペではないのですが、牛丼チェーン店の吉野家のキャッチコピーを例に話を進めたいと思います。

吉野家のキャッチコピーは、皆さんご存じですね。

「早い、うまい、安い」

非常に耳に残る、印象的なコピーです。言うまでもなく、3つの言葉が並んでいます。私の独断で、仮に言葉の数を増やしてみましょう。

「早い、うまい、安い、近い」
「早い、うまい、安い、近い、多い」

「近い」は駅から近いをイメージして、「多い」は特に男性客を意識して量の多さを表現してみましたが、いかがでしょうか。4つも5つも言葉が並んでいると、もはやぱっと読む気になれず、読んでも1つひとつの言葉が印象に残りません。ゴロも悪いし、言葉が増えることで、逆に魅力はぼやけてしまいます。

これはパワーワードにも共通しており、オノマトペを使うなら、3つまでにしておいたほうが効果的なケースが多いのです。

先ほど紹介した、モスバーガー「月見フォカッチャ」の広告をもう一度見てみましょう。同社のニュースリリースに書かれている、この商品の特徴は次の通りです。

天然羊腸を使用したジューシーで歯ごたえのある馬蹄型ソーセージに、こだわりの詰まったモスオリジナルのバーベキューソースと半熟風たまごを合わせ、ふんわりとした食感のフォカッチャでサンドしました。半熟風たまごからとろっとした黄身ソースがあふれ、まろやかな風味で全体を包み込みます。

実際の広告で使用されたパワーワードは、ふんわりとしたフォカッチャの食感を表現した「もちっ」、歯ごたえのあるソーセージを強調する「パリッ」、そして、半熟風たまごをイメージさせる「とろっ」の3つでした。

リリースの文章の中には、「こだわりの詰まったモスオリジナルのバーベキューソース」とも書かれていますが、広告上、それに対応するパワーワードは見当たりません。売り手としては、この商品の特長をバーベキュー以外の3つに絞り、「もちっ」「パリッ」「とろっ」で勝負に出たのでしょう。

ちなみに、〝3つが大事〟という意味では、「ルール・オブ・スリーの法則」が有名です。これは、考えややるべきこと、伝えたいことは3つに絞れという意味で、ビジネスの世界で広く知られています。

アップル社のCEOであったスティーブ・ジョブズ氏も、新商品のプレゼンテーションでは、伝えたいことを3つに絞ってアピールすることが多かったと言われています。第2世代の「iPad」のキャッチコピーが、初代と比較して「より薄く、より軽く、より速く」だったことはよく知られています。

もう一点付け加えておきたいのが、もしパワーワードにオノマトペを3つ並べるのであれば、その順番も大事だということです。

話を吉野家のキャッチコピーに戻しましょう。

現在の吉野家のキャッチコピーは「うまい、安い、早い」です。しかし、この順番は、「早い、うまい、安い」だったこともあれば、「うまい、早い、安い」だったこともあるのです。

実は、創業者の息子であった松田瑞穂氏のもとで吉野家が急成長した1970年代、キャッチコピーは「早い、うまい、安い」でした。その後吉野家は一度経営破綻していますが、経営陣が変わった1990年代になると「うまい、早い、安い」に変わり、さらに2000年代になると「うまい、安い、早い」となったのです。

この順番の違いには、時代時代で吉野家がどの特長を一番の売りと考えてきたのかが如実に現れています。高度経済成長期だった70年代は、「早い」がもっとも重視されていたわけです。その後、「うまい」がもっとも重視される時代になり、「早い」と「安い」に関しては、90年代は2番目が「早い」、2000年代は2番目が「安い」と、入れ替わりました。吉野家の経営陣は、そのときどきで時代を読み、自分たちの売りの優先順位を変えていたのです。

こうした吉野家の事例からもわかる通り、パワーワードにオノマトペを使って商品や店の特長を消費者に伝えるときは、一番訴えたいことから順に並べるのが、やはり正解です。時代が何を求めているのかを読んだ上で、そこにもっともアピールできる商品の特長を選び取り、パワーワードの順番を決定しましょう。

架空のフライパン商品で、パワーワードを使った広告を作ってみました

第3章、第4章で、パワーワードの具体的な作り方と発信力を高めるポイントを解説してきました。この章の最後に、フライパンを売りたい商品と仮定して、パワーワードを駆使した広告例を制作したので、掲載しておきます。

このフライパンの売りは、次の3点です。

①こげつかない
②熱の伝導率が良い
③軽い

使用することにしたパワーワードは、右記の特長に対して、それぞれ次の3つです。

①するっ
②じゅっ　ぱちぱち
③らくらく

文字種、字体、色、並べ方も、これまで解説してきたポイントに則り、人の感情に訴えかけながら差別化の軸を作ってみました。一例として、パワーワード制作時の参考にしてみてください。

- Before -

フライパンの3つの機能を言葉で説明

①こげつかない

②熱の伝導率が良い

③軽い

- After -

フライパンの3つの機能をパワーワードで強調

目玉焼きが落ちる斜めの方向にパワーワードを配置し、こげつかないイメージの[白色]で表現した

パワーワードを縦に配置してフライパンから熱が伝わる様子を表現し、かつ強いエネルギーをイメージする書体を[赤色]にした

フライパンが軽くて、楽しく調理できることを伝えるために、楽しげなパワーワードと書体を選び、[オレンジ色]で強調した

第5章

パワーワードは脳に直接語りかける

パワーワードは脳のストレスが低い言葉

これまで述べてきた通り、パワーワードは普通の言葉では表現しきれない感覚的なことを、直感的に相手に伝えることができる言葉です。そして、人々をウキウキ、ワクワクとした前向きな気持ちにする力を持っています。

では、なぜパワーワードにそうした力があるのでしょうか。この章では、その理由を脳科学的な観点から、説き明かしていきたいと思います。

まず、パワーワードは、脳にとって非常にストレスが少ない言葉であり、脳内における情報処理がほかの言葉に比べて楽に素早く行われていると考えられています。

私たちが「もちもちパン」という言葉を目にしたときの脳の情報処理の流れを、2000年に心理学者のキース・スタノヴィッチとリチャード・ウェストが発表した「二重過程理論」をもとに解説してみましょう。

二重過程理論によると、脳の情報処理方法には「システム1」と「システム2」があります。システム1は直感的・情動的に、システム2は論理的・理性的に情報を処理すると考えられています。

私たちは「もちもち」というパワーワードを目にしたとき、システム1でその情報を処理し、即座においしそうな質感を想起します。時間はほとんどかからないため、脳のエネルギーもあまり使われません。

一方、「パン」という一般の言葉はシステム2によって処理し、「小麦と卵や牛乳を混ぜて焼いたふんわりした食べ物だ」ということを認識します。システム2はシステム1に比べて、情報を処理するのに時間もエネルギーも多く消費することになります。

つまり、パワーワードを使った広告は脳に届きやすく、消費者はストレスなく直感的に、その商品を食べたり使ったりしているところを想起できるというわけです。

ちなみに、私たちが何かしら商品を選ぼうと考えるとき、その商品が「短期保存型」か「長期保存型」かによっても、脳内でシステム1とシステム2の使われ方に違いがあると考えられます。

「短期保存型」といえば、代表的な商品が食品です。消費者が保持している時間は、普通は短期です。こういう商品を選ぶときは、商品名や広告などの情報はシステム1によって直感的に処理されることが多いのです。

一方、「長期保存型」の商品といえば、家電や高級品などです。消費者は、長期保存型の商品を買うときほど、システム2を使ってじっくり考える傾向が高くなります。ですから、食品をはじめとした短期保存型の商品になればなるほど、システム1で処理される直感的なパワーワードが効果を発揮しやすい傾向にあると言えるでしょう。

とはいえ、保存期間がある程度長い商品であっても、パワーワードは使い方次第で脳内でしっかり威力を発揮します。

たとえば、美容系やファッション系など、センスが商品の売れ行きを大きく左右する商品の場合は、商品名にパワーワードは使いづらいかもしれません。それでも、キャッチコピーや説明文などに使えば、商品の特長を消費者に瞬時に理解してもらうのに大いに役立ちます。「今までになかった、しっとり感」とか「ふんわり羽織れる、つややかなタフタ素材」といった具合です。

受け手はこうしたキャッチコピーを理解するとき、システム1も2も使いますが、パワーワードが入っていることで、直感的、かつ感覚的な理解がぐっと早まるのです。

長期保存型の商品であり、機能性が重視される家電でも、パワーワードは有効です。商品名やブランド名にあえてパワーワードを入れたことで成功を収めた例は少なくありません。

その代表が、ダイキン工業のエアコンブランド「うるるとさらら」でしょう。言うまでもなく、「うるる」は潤っている状態を示すパワーワード、「さらら」は湿度が低く快適である状態を示すパワーワードです。

消費者は、このパワーワードを見て、システム1で処理し、まずは瞬時に湿度が快適な状況をイメージします。詳しい機能説明などを読むのはそのあとです。機能説明はどうしてもある程度長い文章になりますが、消費者は、システム1で快適な状況をイメージできたからこそ、一緒に書かれている説明文や解説動画などをしっかり見よう、という気持ちが高まるのです。

つまり、商品名まわりにパワーワードを使っていると、それを目にした消費者は、システム1で情報を処理し、何はともあれ、商品に興味を持ちます。やはりここがパワーワードのもっとも重要なポイントと言えるでしょう。

まずは直感的に興味を持ってもらえなければ、どんなに機能が素晴らしくても、機能説明を読んでもらうことは難しくなるからです。

パワーワードは脳で非言語的に処理される

パワーワードの元であるオノマトペが脳内でどのように処理されるかについては、いろいろな研究が行われています。

ここでは、オノマトペとそれ以外の動詞や副詞を脳が処理する際、脳のどの領域が活性化しているかを測定した「How Sound Symbolism Is Processed in the Brain: A Study on Japanese Mimetic Words」というタイトルの興味深い実験にふれておきましょう。

実験は、人やキャラクターが歩く動画と、「よたよた」「ぎざぎざ」「あるく」「すばやく」などの言語を被験者に見せ、その動画と言語が一致しているかどうかの判定を行わせ、そのときの脳内活動をｆＭＲＩで測定するといった内容です。ｆＭＲＩとは、ＭＲＩを使って脳の活動を調べる検査のことです。

その結果、「あるく」「すばやく」といった動詞や副詞の提示では、言語の音の処理が行われる左半球優位でしたが、「よたよた」「ぎざぎざ」といったオノマトペの提示では、非言語的な処理が行われる右半球側の上側頭溝部《じょうそくとうこうぶ》が特異的に処理に関与されていることが明らかになりました。

この研究結果を私なりにわかりやすくまとめると、一般的に、言語は左脳優位に、映像やイメージなどは右脳優位に処理されますが、オノマトペを使ったパワーワードは右脳優位に処理されており、言語というよりは、映像やイメージに近いものとして感覚的に処理されている可能性があるということです。ゆえに、オノマトペから受けた情報は、老若男女問わず、イメージとして共通的に伝わるのでしょう。

オノマトペを処理するときに活性化する上側頭溝部という部分は、動物の鳴き声や海や川の音といった自然環境音を聞いたときに強く反応する領域だということが、以前から知られていました。

つまり、オノマトペは私たちの脳の中では自然環境音に近いものとしてとらえられていると推察されるのです。そう考えると、パワーワードを商品名や広告に使うと、消費者が一瞬でイメージや感覚を感じ取るというのも、納得がいきます。

さらに言えば、上側頭溝部に特異的に働きかけるオノマトペをパワーワードとして活用することは、消費者に感性的で直感的なアプローチをすることになります。あくまで推察の域を出ませんが、消費者は感覚的にパッとその商品を選択する可能性が高くなりそうです。皆さんも、あれこれ悩んで決めたときよりも、直感で決めたときのほうが、満足のいく買い物ができたことが多いのではないでしょうか。

脳科学者の茂木健一郎先生は、NHK番組『プロフェッショナル　仕事の流儀』において、次のように述べています。

「論理的に考えるというのは意外と限られた要素しか考えていない。直感というのは、自分の経験・価値観・思いなどを脳が総合的に無意識に判断し出した結果なんです。そこには大きな情報量がつまっている」

Apple社の創業者スティーブ・ジョブズは、2005年6月のスタンフォード大学卒業式の講演で、次のように述べています。

「何より大事なのは、自分の心と直感に従う勇気を持つことです。あなた方の心や直感は、自分が本当は何をしたいのかもう知っているはず。ほかのことは二の次でかまわないのです」

私たちは、「直感で決めた」というと、なんだか根拠なく適当に決めてしまったように思いがちですが、実は無意識裏に多くの情報と比較して、何をしたいかをしっかり判断しているということになります。

だからこそ、直感に訴えるオノマトペを使ったパワーワードは、商品の魅力を伝えるのに非常に有効だと言えるのです。

パワーワードが脳を刺激して、〝好き〟な気持ちにスイッチを入れる

次に、パワーワードが脳の「A10神経群」を刺激することでポジティブな気持ちを生み出しやすい、というお話をご紹介したいと思います。

私は以前、脳神経外科医の林成之先生と対談させていただいたことがあるのですが、そのときに先生から教えていただいたのが、人々のやる気やポジティブな気持ちを作る、A10神経群の働きです。

私たちの脳に入った情報は、まずA10神経群というところで、直感的に「好き・嫌い」「面白い・面白くない」といった第一の気持ちを生み出します。

そして、もしそこで「嫌い」「面白くない」といったネガティブな気持ちが生まれると、その情報に対するその後の理解や判断、思考、記憶といった脳機能の働きは弱くなってしまうというのです。

つまり、消費者がある商品のネーミングやキャッチコピー、写真などを見た段階で、A10神経群においてネガティブな気持ちが生まれていたなら、その人の、食べてみたい、使ってみたい、その商品についてもっと知りたい、買ってみたいといった気持ちは、その時点でがくっと薄れてしまうと考えられます。

反対に、商品のネーミングやキャッチコピー、写真などを見た段階でA10神経群において「好き」「面白い」というポジティブな気持ちを作れたなら、その人の食べてみたい、使ってみたい、その商品についてもっと知りたい、買ってみたいという気持ちを膨らませることができるわけです。

たとえば、半熟卵の食感が売りの牛丼のキャッチコピーで考えてみましょう。

①「放し飼い鶏千葉県産卵を料理長が追及した絶妙の加熱時間で提供！」

どうでしょうか。まずは読むのに時間がかかります。よく読めば、特別な卵を使っておいしく調理しているんだなというのは理解できますが、その前に「面白くない」

と感じてしまう人は少なくないのではないでしょうか。
では、パワーワードを使った別の案を挙げてみましょう。

②「のびのび育った鶏の卵を、絶妙のとろっとろ感で提供！」

いかがでしょうか。②は①に比べると、情報量はかなり少ないですが、②を見たときのほうが、気持ちがワクワクしてくるというか、楽しくなってきたという人が多いはずです。それは、パワーワードに含まれたオノマトペがA10神経群に働きかけて、「好き」「楽しい」というポジティブな気持ちを生み出したことが関係していると考えられます。当然、「食べてみたい」とか「買ってみたい」という気持ちも喚起します。

商品広告からは少し離れますが、私はNHKの朝の番組で、ある幼稚園の先生に跳び箱の跳び方を子どもに教えるとき、「勢いをつけて速く走り、力強く板を踏んで、跳び箱の奥のほうに手をついて、タイミングよく下りましょう」と指導するのではなく、「『サー・タン・パッ・トン』というかけ声に合わせてやってみましょう」と指導してもらい、成功率がどれだけ変わるかを実験したことがあります。

その結果、オノマトペを導入する前と比べて、跳べる子の割合が10％以上アップしました。具体的には、導入前に5段跳べる子が45・4％、7段跳べる子が23・6％に対し、導入後は5段跳べる子が69・8％、7段跳べる子が39・6％になりました。

「サー・タン・パッ・トン」のかけ声に伴いながら実践している映像も見させていただきましたが、園児たちは目を輝かせて楽しそうに跳んでいました。やはり楽し気なオノマトペが、A10神経群で前向きな気持ちを彼らに生み出すことに成功したのだと思います。

この話を林先生にしたところ、「オノマトペは『気持ちを引き立てる言葉』や『脳に入る言葉』とあなたが定義してみたらどうだろう」と言っていただきました。

商品を購入してもらうためには、まずは何より、商品に対してポジティブな気持ちを抱いてもらわなければなりません。その最初のきっかけとして、A10神経群でポジティブな気持ちを生み出しやすいパワーワードが非常に有効な手段であることは、脳科学的にも間違いないでしょう。

パワーワードはポジティブな情動に作用する

引き続き、パワーワードにはポジティブな気持ちを生み出す力があるという点について、別の角度から解説してみたいと思います。

皆さんは、何かを買おうと思うときは、一般的にどんな精神状態でしょうか。商品にもよりますが、買い物は基本的に楽しい行為ですし、選んだり購入を決めたりする時間はワクワクしていることも少なくないでしょう。反対にネガティブな精神状態にあるときは、買い物も面倒になるし、あれこれ迷うのもわずらわしく、「やっぱり、買わなくてもいいや」という気持ちになりがちです。

この点を売り手の立場から考えると、広告によってその商品をほしいと感じさせる以前に、まずは消費者をポジティブな精神状態にする必要があると言えるでしょう。

広告をはじめ、教育やスポーツの分野でオノマトペの活用が広まっていったのは、オノマトペに人々をポジティブな精神状態にする力があることを、誰もが暗黙のうちになんとなく感じ取っていたからだと思います。

近年、オノマトペが人々をポジティブな精神状態にするという科学的エビデンスは、さまざまな論文で明らかになりつつあります。

たとえば、いくつかの食べ物の写真と「ふわふわ」「ぷるぷる」「ばりばり」といったオノマトペをランダムに組み合わせて被検者に見てもらったとき、オノマトペがどのような活動を脳内で引き起こしているのか調査した川畑秀明先生の研究「広告における質感表現の認知が購買意欲や広告作品のよさの評価に及ぼす影響」があります。オノマトペに共通して活動が見られたのは、下前頭回《かぜんとうかい》と紡錘状回《ぼうすいじょうかい》、及び偏桃体《へんとうたい》であったと報告されていました。

特に偏桃体は、前部と後部では処理される気持ちの性質に違いがあり、前部はポジティブ、後部はネガティブな状態のときに主に活動することが知られています。この研究でオノマトペによって活動が引き起こされたのは、ポジティブな状態のときに活動する偏桃体前部だったのです。

さらにこの報告では、食べ物の写真を見てオノマトペと結びつけることそのものが、ポジティブな情動を引き起こしている可能性があると結論づけられていました。

この研究では食品とオノマトペの組み合わせでしたが、食品以外との組み合わせでも、オノマトペがポジティブな情動を引き起こしている可能性は十分にあると思います。

いずれにせよ、商品画像と合わせてパワーワードが書かれているのを見ると、人はそれだけでポジティブな気持ちになりやすく、購買に前向きな状態になりやすいことが期待されます。

広告業界においてオノマトペは、長い間、「使ってみるとなぜか売れる」ということでなんとなく使われてきました。しかし、いまやオノマトペは人々の脳に直接働きかけ、購買意欲を高めるパワーワードであることが、科学的に解明されつつあります。

今後、パワーワードの特性を理解し、効果的に使うことが、商品の売上を伸ばす上で欠かせない重要なスキルとなることは間違いないと思います。

パワーワードを見ると、ミラーシステムが働く

たとえば、新しいタイプのハンディモップのCMで、「スーッとなでるだけで、ほこりがごっそりとれちゃう！」というキャッチコピーがあったとしましょう。タレントさんがこのパワーワードが入ったコピーを口にしながら、ハンディモップをスーッと動かしてほこりをごっそりとっているところを見ていると、なんだか自分も実際にやったような気持ちになる瞬間はないでしょうか。

これは、脳内の神経細胞ネットワークシステム「ミラーシステム」が関係していると考えられます。

ミラーシステムとは、20世紀の終わりから21世紀にかけて明らかになってきた脳内システムで、目の前のことを鏡のように自分の脳に写し取り、実際に自分がやっているかのように情報を処理するシステムのことです。

幼い子どもがじゃんけんの動きができるようになるのは、目の前で大人がやっているのを見て、自分が実際にやっているかのようにミラーシステムがその情報を処理することで、自ら再現できるようになると考えられています。

そのミラーシステムが、実はオノマトペによっても働く可能性があるということが、近年の研究で明らかになってきました。

２０１３年に日本心理学会で発表された「擬態語と擬音語の脳内神経基盤－ｆＭＲＩによる検討（矢追健、源健宏、苧阪満里子、苧阪直行）」という研究をご紹介しましょう。ｆＭＲＩとは、ＭＲＩを使って脳の活動を調べる検査のことです。

この実験では、被検者にＭＲＩに入ってもらい、「カタカタ」「ヒューヒュー」といった擬音語6語と、「ヨチヨチ」「スイスイ」といった擬態語6語、比較として「ヘユヘユ」「ヌヘヌヘ」といった無意味語6語を見てもらい、脳のどの部分が活性化しているかを調べました。その結果、無意味語よりオノマトペを見たときのほうが、「下前頭回」と「運動前野」がより活動していることがわかりました。

下前頭回と運動前野は、ミラーシステムと関係があるとされている領域であり、結果的に、オノマトペから喚起された視覚的・聴覚的イメージに対してミラーシステムが関わっている可能性が示唆されています。

つまり、「もちもちでおいしいパン」というキャッチコピーを見ただけでもミラーシステムが働き、もっちりしたパンを口に入れたときのおいしいと感じる歯ごたえなどの食感を脳内で再現している可能性がある、ということです。

同様に、ミラーシステムの働きによって、「髪がこんなにサラサラ！」というパワーワードが入った広告やＣＭを見た人は、自分でも実際に髪をサラサラとかしている感覚になっていたり、「電動自転車なら坂道もスイスイーッ！」という広告やＣＭを見た人は、自分が電動自転車に乗って坂道をスイスイーッと走っている感覚になっていたりする可能性があります。

ミラーシステムの働きによって、パワーワードで紹介されていた商品を使ったような感覚になると、人は無意識のうちに実際に使ってみようと感じ、これが購買意欲を喚起すると考えられます。

特に、動画配信など、音声とセットでパワーワードを呈示すると、よりミラーシステムに働きかけることができるでしょう。

ミラーシステムの観点からも、やはり広告にパワーワードを利用しない手はないと、私は確信しているのです。

参考・引用文献

【第1章】

■日本食糧新聞（2023）「3大コンビニ　売れ筋商品ランキング　デザート編」https://news.nissyoku.co.jp/restaurant/hamada20230922032120504

■黄慧（2022）「お菓子メーカーの商品パッケージに使われるオノマトペ」東京外国語大学語学研究所『語学研究所論集』第27号，pp.63-80.

■みんなのランキング（2024）「【人気投票 1～89位】コンビニパンランキング！みんながおすすめする商品は？」https://ranking.net/rankings/best-conveniencestore-breads

■みんなのライフハック@DIME（2024）「空前の〝mochiスイーツ〟ブームが到来？コンビニ3社のもちもち系スイーツを食べくらべ」https://dime.jp/genre/1735881/

■小野正弘（編）（2007）『擬音語・擬態語4500 日本語オノマトペ辞典』小学館

■NHK総合（2013）『クローズアップ現代』「〝ぱみゅぱみゅ〟〝じぇじぇじぇ〟とオノマトペ大増殖の謎～」6月11日放送

■東スポWeb（2016）「羽生のひと言「シュッ」に込められた意味」https://www.tokyo-sports.co.jp/articles/-/171396

■サンスポ.com（2017）「巨人・阿部、ミスター語全開！小林をバンバン指導」https://www.sanspo.com/article/20170106-HRFNPFPG2FLYXFRQDPCAUWUCWQ/

■FOOTBALL ZONE WEB（2019）「「ちょんしてダァァァー」INAC岩渕、約20m突破の渾身〝裏街道ゴール〟を自己解説」https://www.football-zone.net/archives/226207

■読売新聞ヨミドクター（2011）「［柳田邦男さん］大人にこそ絵本を」https://yomidr.yomiuri.co.jp/article/20111011-OYTEW60794/

■「発売から3日で累計120万食を突破」（ファミリーマート、ニュースリリース）https://www.family.co.jp/

company/news_releases/2024/20240301_02.html
- 「小林製薬の『サラサーティ』30周年」(小林製薬、ニュースリリース) https://www.kobayashi.co.jp/corporate/news/2018/180301_02/
- 「花王株式会社/キュキュット/キュキュットシリーズ」https://www.kao.co.jp/cucute/cucute/

【第2章】

- 隈研吾(2015)『隈研吾 オノマトペ建築』(エクスナレッジ)
- 隈研吾(2020)「u Tokyo Biblio Plaza Book written by UTokyo professors 東京大学教員の著作を著者自らが語る広場」東京大学.https://www.u-tokyo.ac.jp/biblioplaza/ja/E_00020.html
- NHK総合(2006)『プロフェッショナル 仕事の流儀』「チームの力がヒットを生む 商品企画部長・佐藤章一」4月2日放送
- Ramachandran, V. S., & Hubbard, E. M.(2001).「Synaesthesia-a window into perception, thought and language.」, Journal of Consciousness Studies, 8, No.12
- David M. Sidhu and Penny M. Pexman(2019)「The Sound Symbolism of Names」
- https://davidmsidhu.files.wordpress.com/2020/03/sidhu-pexman-2019-1.pdf
- 黒川 伊保子(2004)『怪獣の名はなぜガギグゲゴなのか』(新潮新書 78)新潮社
- エルマー・ホイラー(2012)『ステーキを売るなシズルを売れ - ホイラーの公式』(フェニックスシリーズ)パンローリング
- Charles Spence (2017)) Gastrophysics:『The New Science of Eating』(English Edition) Penguin
- 辻健太、渡邊淳司、今井むつみ(2017)「触覚知覚・記憶におけるオノマトペの影響」Technical Report on Attention and Cognition No.4 東京大学 http://www.l.u-tokyo.ac.jp/AandC/documents/past/19/4_Imai.pdf
- HITACHI「日立の家電品/お客さまサポート/よくあるご質問/運転中の音の原因を知りたいです。

（ドラム式）」https://kadenfan.hitachi.co.jp/support/wash/q_a/a86.html
- 医療NEWS QLife Pro（２０１３）「ファイザー　慢性疼痛を抱える人の、痛みの表現・伝え方に関する実態調査結果を発表」https://www.qlifepro.com/news/20131128/using-the-onomatopoeic-and-the-phonomime-onomatopoeia-in-chronic-pain-patients-to-the-healthcare-professional-description-and-understand-the-other-8-percent-said-race.html
- 「ニュースリリース／マクドナルド公式」https://www.mcdonalds.co.jp/company/news/2024/0222a/
- 「しあわせな擬態語オノマトペ／通販のベルメゾンネット」https://www.bellemaison.jp/cpg/onomatopoeia/onomatopoeia_index.html

【第３章】

- 磯中佑樹（２０１４）「日本語単音節の音色が人に与える印象」早稲田大学 http://www.ias.sci.waseda.ac.jp/GraduationThesis/2014_summary/5113E003_s.pdf
- 藤野良孝、佐々木雄一、匂坂芳典（２０１７）「連音節が与える印象評価の分析」日本音響学会秋季大会抄録集
- 田守 育啓（２００２）『オノマトペ 擬音・擬態語を楽しむ』岩波書店
- 浜野祥子（２０１４）「日本語のオノマトペ　音象徴と構造」くろしお出版
- グリコ「豆知識コーナー：パピコの名前の由来はなんですか？」https://www.glico.com/jp/customer/qa/2793/
- 「コロン／【公式】江崎グリコ(Glico)」https://www.glico.com/jp/product/snack_biscuit_cookie/collon/

【第４章】

- ＦＬＡＭＩＮＧＯ ＳＴＵＤＩＯ（編）（２０２２）『オノマトペでピンとくる！ひらめき配色図鑑』東京書籍

- 鈴木千恵子（２００５）『色の好き・きらい』誠文堂新光社
- 「ぽたぽた焼きスペシャルサイト／亀田製菓株式会社」https://www.potapotayaki.com/
- 「マルちゃんＺＵＢＡＡＡＮ！（ズバーン）／東洋水産株式会社」https://www.zubaaan.jp/
- 「ＭＯＷ（モウ）アイスクリーム」（森永乳業株式会社）https://mow-ice.jp/https://mow-ice.jp/
- 「大好評につき『月見フォカッチャ』復活」（モスバーガー）https://www.mos.co.jp/company/pr_pdf/pr_230901_1_1.pdf

【第５章】

- Stanovich, K E.; West, R F.（2000）『Individual difference in reasoning: implications for the rationality debate?』Behavioral and Brain Sciences 23（５）: 645-726.
- キース・Ｅ・スタノヴィッチ（著）、鈴木 宏昭（解説）、椋田 直子（翻訳）（２００８）『心は遺伝子の論理で決まるのか－二重過程モデルでみるヒトの合理性』みすず書房
- Junko Kanero, Mutsumi Imai, Jiro Okuda, Hiroyuki Okada, and Tetsuya Matsuda（2014）「How Sound Symbolism Is Processed in the Brain: A Study on Japanese Mimetic Words」PLoS One.9（５）: e97905.
- 日本経済新聞（２０１１）「ハングリーであれ。愚か者であれ」ジョブズ氏スピーチ全訳
- 米スタンフォード大卒業式（２００５年６月）にて https://www.nikkei.com/article/DGXZZO35455660Y1A001C1000000/?df=3
- 小学館（２０１４）『edu ママの気持ちがすぐに伝わる子どもが伸びる「魔法の言葉かけ」』９号
- 川畑秀明（２０１１～２０１３）「広告における質感表現の認知が購買意欲や広告作品のよさの評価に及ぼす影響」吉田秀雄記念事業財団 研究助成 研究報告書
- 矢追健、源健宏、苧阪満里子、苧阪直行（２０１３）「擬態語と擬音語の脳内神経基盤－ｆＭＲＩによる検討」日本心理学会第77回大会．Ｐ６０４

本文デザイン／青木佐和子
編集協力／上原章江

青春新書
INTELLIGENCE

こころ涌き立つ「知」の冒険

いまを生きる

〝青春新書〟は昭和三一年に——若い日に常にあなたの心の友として、その糧となり実になる多様な知恵が、生きる指標として勇気と力になり、すぐに役立つ——をモットーに創刊された。

そして昭和三八年、新しい時代の気運の中で、新書〝プレイブックス〟にその役目のバトンを渡した。「人生を自由自在に活動《プレイ》する」のキャッチコピーのもと——すべてのうっ積を吹きとばし、自由闊達な活動力を培養し、勇気と自信を生み出す最も楽しいシリーズ——となった。

いまや、私たちはバブル経済崩壊後の混沌とした価値観のただ中にいる。その価値観は常に未曾有の変貌を見せ、社会は少子高齢化し、地球規模の環境問題等は解決の兆しを見せない。私たちはあらゆる不安と懐疑に対峙している。

本シリーズ〝青春新書インテリジェンス〟はまさに、この時代の欲求によってプレイブックスから分化・刊行された。それは即ち、「心の中に自らの青春の輝きを失わない旺盛な知力、活力への欲求」に他ならない。応えるべきキャッチコピーは「こころ涌き立つ〝知〟の冒険」である。

予測のつかない時代にあって、一人ひとりの足元を照らし出すシリーズでありたいと願う。青春出版社は本年創業五〇周年を迎えた。これはひとえに長年に亘る多くの読者の熱いご支持の賜物である。社員一同深く感謝し、より一層世の中に希望と勇気の明るい光を放つ書籍を出版すべく、鋭意志すものである。

平成一七年

刊行者　小澤源太郎

著者紹介

藤野良孝〈ふじの　よしたか〉

1977年東京都生まれ。朝日大学保健医療学部教授。オノマトペ研究者、博士（学術）。絵本専門士。総合研究大学院大学文化科学研究科博士課程修了。メディア教育開発センター研究開発部助教、早稲田大学国際情報通信研究センター研究員などを経て現職。キッコーマン株式会社での社員研修（人を惹きつけるキャッチコピーの作り方など）をはじめ、マーケティング共創協会で企業の商品開発部やマーケターの方々を対象にオノマトペを活用した共感的コミュニケーション技術のノウハウを解説するなど、商品の魅力向上・PR、商品開発にかかわる助言、研究などの実績がある。学会や大学、銀行、農業協同組合、病院、自治体などで、オノマトペを取り入れた伝わるコミュニケーションの研修会、講演会も多数行っている。

なぜか買《か》いたくなる
〝もちもち〟の秘密《ひみつ》

青春新書
INTELLIGENCE

2024年7月15日　第1刷

著　者　藤《ふじ》野《の》良《よし》孝《たか》

発行者　小澤源太郎

責任編集　株式会社プライム涌光

電話　編集部　03(3203)2850

発行所　東京都新宿区若松町12番1号　〒162-0056　株式会社青春出版社

電話　営業部　03(3207)1916　振替番号　00190-7-98602

印刷・中央精版印刷　製本・ナショナル製本

ISBN978-4-413-04698-5

こころ涌き立つ「知」の冒険!

青春新書 INTELLIGENCE

弘兼流 やめる! 生き方	弘兼憲史	PI·602
会社を離れても仕事が途切れない7つのツボ	伊藤賀一	PI·603
ウイルスに強くなる「粘膜免疫力」	溝口 徹	PI·604
認知症グレーゾーン 「人の名前が出てこない」だけではなかった	朝田 隆	PI·605
感情を〝毒〟にしないコツ 心と体の免疫力を高める「1日5分」の習慣	大平哲也	PI·606
日本の神様の「家系図」 あの神様の由来と特徴がよくわかる	戸部民夫	PI·607
英会話 言わなきゃよかったこの単語	デイビッド・セイン	PI·608
脳科学者が教える「ストレスフリー」な脳の習慣	有田秀穂	PI·609
ボケたくなければ「奥歯」は抜くな	山本龍生	PI·610
リーダーとは「言葉」である 行き詰まりを抜け出す77の名言・名演説	向谷匡史	PI·611
自衛隊メンタル教官が教える 心をリセットする技術	下園壮太	PI·612
「エビデンス《科学的根拠》」の落とし穴	松村むつみ	PI·613
自分で考えて動く部下が育つすごい質問30	大塚 寿	PI·614
血糖値は「腸」で下がる 腸からインスリン・スイッチをオンにする生活習慣	松生恒夫 森 豊	PI·615
最速で体が変わる「尻《しり》」筋トレ 1日5分! 世界標準の全身ビルドアップ術	弘田雄士	PI·616
〝スカノミクス〟に蝕《むしば》まれる日本経済	浜 矩子	PI·617
教科書の常識がくつがえる! 最新の日本史	河合 敦	PI·618
ビジネスが広がるクラブハウス	武井一巳	PI·619
語源×図解 くらべて覚える英単語	清水建二	PI·620
ストレスの9割は「脳の錯覚」 思考グセに気づけば、もっとラクに生きられる	和田秀樹	PI·621
還暦からの人生戦略 最高の人生に仕上げる〝超実践的〟ヒント	佐藤 優	PI·622
2035年「ガソリン車」消滅	安井孝之	PI·623
2030年を生き抜く会社のSDGs	次原悦子 サニーサイドアップグループ	PI·624
ミッドライフ・クライシス	鎌田 實	PI·625

こころ涌き立つ「知」の冒険！

青春新書 INTELLIGENCE

真相解明「本能寺の変」 光秀は「そこに」いなかったという事実	菅野俊輔	PI·626
13歳からのキリスト教	佐藤　優	PI·627
知らないと怖い がん検診の真実	中山富雄	PI·628
「給与明細」のカラクリ	梅田泰宏	PI·629
いい人間関係は「敬語のくずし方」で決まる	藤田尚弓	PI·630
常識として知っておきたい日本語ノート	齋藤　孝	PI·631
定年格差 70歳でも自分を活かせる人は何をやっているか	郡山史郎	PI·632
「ヨーロッパ王室」から見た世界史	内藤博文	PI·633
お酒の「困った」を解消する最強の飲み方	溝口　徹	PI·634
「食」の未来で何が起きているのか フードテックのすごい世界	石川伸一［監修］	PI·635
その「うつ」っぽさ 適応障害かもしれません	岩波　明	PI·636
脳の寿命を決めるグリア細胞 実は、思考・記憶・感情…を司る陰の立役者だった	岩立康男	PI·637
いま知らないと後悔する2024年の大学入試改革	石川一郎	PI·638
自己肯定感という呪縛 なぜ低いと不安になるのか	榎本博明	PI·639
孤独の飼い方 群れず、甘えず、私らしく生きる	下重暁子	PI·640
ユダヤ大富豪に伝わる最高の家庭教育	天堤太朗	PI·641
UCLAで学んだ「超高速」勉強法	児玉光雄	PI·642
世界史で深まるクラシックの名曲	内藤博文	PI·643
一瞬で心が整う「色」の心理学 色の力で、仕事・人間関係・暮らしの質を上げる	南　涼子	PI·644
70代現役！「食べ方」に秘密あり	生島ヒロシ 石原結實	PI·645
「生前贈与」のやってはいけない 知らないと損する相続の新常識	税理士法人レガシィ 天野　隆 天野大輔	PI·646
「中学英語」を学び直すイラスト教科書	晴山陽一	PI·647
暮らしを彩る日本の伝統 「文様《もんよう》」のしきたり	藤依里子	PI·648
すごいタイトル㊙法則	川上徹也	PI·649